Political Effect

달려라, 김웅!

답

인터뷰어(interviewer) 소개

이쌍규

정치 평론 및 여론조사 전문가로 대구보건대학 사회복지학과 겸임교수, 참여정부 교육인적자원부 부총리 비서관, ㈜GIG(Global Investment Group) 대표이사, 팟캐스트 〈나친박〉 진행자 및 책임연출(CP), 〈新넘버 쓰리〉 방송기획 및 제작, 스마트 미디어 N 방송본부장 등을 역임했다. 공중파 방송 활동으로는 TBN 교통방송 "이쌍규의 통계로 본 세상"을 진행하였고, 저서로는 『여론조사 SPSS로 단숨에 끝내기』(길벗,1998),『SPSS를 활용한 여론조사』(삼우사, 2002), 『마케팅 통계 실무』(부산광역시 교육청, 2008), 『역사 라디오 조선 1』(글과 생각, 2015)등이 있다.

정인성

다양한 분야에서 재미와 의미를 찾는 N잡러.

작가로서는 〈세상을 바꾼 명연설〉 시리즈를 집필 중이고,

온라인 방송콘텐츠 및 영화 제작에도 참여하고 있다.

전혜인

말과 글로 담백하게 세상을 전하는 아나운서.

〈Political Effect〉에 인터뷰어로 참여하고 있다.

본 인터뷰는 2023년 4월 24일 월요일, 국회의 김웅 의원실에서 진행되었다.

차례

2부 | 기본에 충실하면 혁신이 된다.

3부 | 김웅과 함께하는 사람들

Prologue 1

<Political Effect> 시리즈를 준비하며

'정치적 효과'는 국가 권력을 획득하고 유지하며 행사하는 정치 활동으로, 국민이 인간다운 삶을 영위하게 하고 상호간의 이해를 조정하며, 공동체 사회 질서를 바로잡는 정치 행위를 함으로써 생기는 보람이나 좋은 결과를 말한다. 그러나 대한민국 정치권은 정치적 효과가 여전히 존재하지 않는 적대적 정치 상황을 연출하고 있다.

혐오와 분열의 시기이다. 대화와 토론을 통한 협의의 정치, 공존의 정치, 공생의 정치는 존재하지 않고, 서로 타도의 대상으로 보는 적대적 공생관계만 존재할 뿐이다. 진영논리의 정치적 양극화 속에서 '보수의 뻔뻔함'과 '진보의 위선'만 남발하는 몰이성의 정치 위기 시대를 겪고 있다. 각 진영의 논리에 맞는 독선의 상식만 존재할 뿐, 공공의 상식과 공적 윤리는 서로 존재하지 않는다. 그들에게는 대한민국이라는 '국가공동체'는 존재하지 않는다. 오직 자기 정파의 정치적 승리를 고집할 뿐이다.

정치인은 혐오해도, 정치는 혐오하면 안 된다.

요즘 사람들은 정치를 솔직하게 이야기하지 않는다. 녹록지 않은 경제 현실을 반영하는 것이지만, 더는 정치권력에 미래 희망을 기대하지 않는 '냉소적 패배심리'가 존재하기 때문이다. 각종 여론조사를 분석해 보면, 2024년 4월 총선에서 30% 정도가 어느 정당을 지지할지 정하지 못한 것으로 나타났다. 국민 10명 중 3명이 정당 결정을 유보한 것이다.

옛날에는 정치인을 '일부만 도둑놈'이라고 했지만, 지금은 '다 똑같은 후안무치의 뻔뻔한 큰 도둑놈'이라고 이야기한다. 우리는 왜 이렇게 정치인을 불신하게 되었을까? 대한민국 여의도 국회에는 300명의 국회의원이 존재한다. 고학력과 최고의 스펙 그리고 전문종사자들이 대거 포진해있다. 그러나 그들은 여의도에 입성만 하면, 가지고 있던 능동적인 에너지를 점차 소멸하기 시작한다. 그 원인은 무엇일까? 여러 가지 원인을 다각도로 분석할 수 있겠지만, 정당정치의 핵심 주체인 국회의원에게 그 원인을 직접 물어보기로 했다. 결자해지結者解之 의 즉문즉답卽問卽答 방식을 사용했다. 인터뷰 대상자는 몇 가지 원칙을 정해서 선정했다.

정치적 양극화 속에서 극단의 진영논리를 가진 특정 정파의 혐오 정치인이 아닌, 대화와 토론을 통한 협의와 숙의, 공존, 공생의 정치를 성실히 추구하는 여야 정치인 10인을 선정하여 인터뷰를 진행하기로 했다. 여의도에서 저평가된 성장주成長株 의 숨은 정치인을 만난다는 뜻이다. 그들의 과거와 현재, 미래의 정치전략을 솔직하게 물어볼 수 있는 자리를 마련했다. 숙성 민주주의의 새로운 정치 리더를 찾는 작은 시도라고 생각할 수 있다. 인터뷰의 생동감을 살리기 위해 질문지의 단 한 문장도 사전에 공유하지 않았다. 향후 출판된 단행본은 도서 내용을 바탕으로 정치 다큐멘터리 documentary 영화로 제작될 예정이다.

지금 우리 꼴, 나라 꼴, 누가 만든 거냐?

치솟는 생활 물가와 고금리, 악화하는 세계 경제, 러시아의 우크라이나 침공, 미 · 중 · 러 갈등으로 인한 남북한 군사적 긴장 강화 등 근래의 한국 정치 상황은 계속 나빠지고 있다. 이런 국가적 위기를 올바르게 극복할 정치 상황은 여전히 불완전하다. 여 · 야를 떠나서 정치권 전반이 반성하고, 성찰할 시점이다.

국민이 정치 문제는 전혀 관심 없고 눈앞의 사소한 생활 불편에 고민을 너무 집중하는 순간, 그로 인해 생기는 정치적 피해는 국민이 모두 책임져야 한다. 피해자는 당연히 국민이다. 정치적 무관심은 혐오와 차별, 위선의 정치를 극대화한다. 정치의 극단적 우경화를 탄생시킨다. 자기 부고 기사 빼고는 좋은 기사든 나쁜 기사든 언론에 노출되면 좋다는 정치인의 '관종짓'은 더 대담해지고, 혐오와 차별, 위선, 가짜와 거짓의 선동 발언은 수위를 점차 높여간다. 더 큰 문제는 정치인이 국민을 대상으로 혐오와 차별을 주려는 정치적 본능을 드러내면, 그건 모든 국민의 삶에 자연스레 스며든다. 모든 사람이 그렇게 해도 된다는 일종의 정치적 허가를 주는 것과 같다. 톡 쏘는 탄산수는 당장에 시원한 맛은 있지만, 나중에 이만 썩을 뿐이다. 일종의 카페인 효과와 같다. 대안 없는 일시적 만족에 불과하다.

세상이 어떻게 돌아가는 건지. 세상 쉽게 바뀌지 않아?

정치권의 혁신이 당장 없다고 비관하면 안 된다. 정치적 냉소로 일관한다면, 저항 없이 현대판 신분제 사회를 무조건 받아들이는 것과 같다. 대한민국은 부자와 엘리트가 만든 세상이 아니라, 우리 국민 모두의 피와 땀으로 만든 역동의 세상이다. 우리가 정치에 무관심할 때 이득을 보는 자는 과연 누구인지, 우리의 권리를 위해 제대로 일하는 정치인은 누구인지 잘 살펴봐야 한다. 우리 공동체의 이익을 위해서라도 그들을 잘 알아야 한다. 알아야 그들이 행사하는 정치

권력을 제대로 감시, 통제할 수 있다.

느리게 간다고 길의 방향을 잃어버린 것이 아니다. 단지 조금 더디게 걸어갈 뿐이다. 대한민국이 이룩한 산업화, 민주주의, 관용, 다양성, 도전성 등의 가치를 우리가 스스로 지켜야 한다. 우리에게는 그만한 능력과 열정이 있다. 인터넷과 스마트폰 등 디지털 네트워크를 활용해 스스로 조직화하는 '똑똑한 군중들 Smart Mobs'이 있다. 서로 자유롭게 정치 의사를 교환하면서, 일사불란하게 행동할 수 있는 '조직화 된 깨어있는 시민'이 있다. 그들은 전문가 이상으로 현명한 집단지성의 역량이 있다. 우리가 대한민국의 주인이고, 주체이다. 정치인은 우리의 머슴이고, 대리인에 불과하다.

바쁜 정치 활동 중에도 흔쾌히 장시간의 인터뷰에 응해주신 김웅 의원에게 이 지면을 빌어 진심으로 감사의 마음을 전한다. 또한, 책 출판 편집과 장시간의 영상 촬영에 도움을 주신 여러 스태프분에게 이 지면을 빌어 고마움을 전한다. 끝으로 〈정치 효과〉 책이 독자 여러분들의 적극적인 사랑을 많이 받아서, 정치 교양서 시리즈로 건강하게 자리매김하기를 기대해 본다.

2023년 5월 어느 날 이쌍규 씀.

Prologue2

누구요? 김웅??

"작가님, 김웅 의원 어때요?"

"누구요?"

"김웅. 국회의원."

"〈검사내전??〉"

"네, 그 사람 어떻게 생각하냐고."

"잘 몰라요."

이 책과 관련해서 나와 〈도서출판 답〉 대표님이 나눈 첫 대화였다. 정치권 소식에 관심 끊은 지도 오래되었고, 〈검사내전〉도 솔직히 읽지 않아서 김웅이라는 이름은 내게 '검사 출신의 국민의힘 국회의원' 정도였다.

한때는 나도 정치 고관여층이었다. 학부에서는 정치학과 경제학을 복수전공 했고, 선거 캠프 기획업무도 두 번 정도 맡아서 해봤다. 정치 다큐멘터리에 참여하면서 대선후보를 포함, 십여 명의 정계인사들을 인터뷰 해 본 경험도 있었고, 사회정치 분야의 책도 냈다. 그랬던 내가 최근에는 정치권은 쳐다도 보지 않고 있었다. 여러 가지 이유가 있겠지만, 그냥 지쳐있었다.

그렇게 지쳐있었던 내게 출판사에서 인터뷰를 진행함과 동시에 에디팅의 역할을 해줄 수 있냐고 물어왔다. 파트를 둘로 나누어서 진행하는데, 하나는 내가 원하는 질문을 자유롭게 할 수 있도록 하는 파트고, 다른 하나는 아나운서(전혜인 아나운서)와 온라인 방송 진행자(이쌍규)가 둘이 진행한다는 것이다. 안 해본 일도 아니고, 어차피 N잡 인생사는 입장에서 마다할 이유가 없었다. 단순히 돈과 이력의 문제라기보다는(물론, 그게 중요하긴 하지만) 내가 운전대를 잡는다는 것이 나게는 더 크게 다가왔다.

그렇게 '정치혐오'에 빠져있던 나는 이 프로젝트에 참여하게 되었다.

참여를 결정하고서도 처음에는 너무 쉽게 생각했었다. '국민의힘 송파구 검사 출신 정치인? 성격이나 좀 덜 꼰대 같았으면 좋겠다.' 사실, 여기서 '꼰대'는 많이 순화해서 적은 것이다. 그게 김웅이라는 정치인의 타이틀이 내게 준 의미였다. 아직 정치혐오의 물이 덜 빠져있었기 때문에 '어떻게 질문을 잘해서 이 사람의 정치를 끌어내지?'라기 보다는 '이 정치인을 어떻게 사람처럼 보이게 포장하지?'가 주된 고민이었다.

하지만, 인터뷰 준비를 위해 조사에 들어가면서 내 생각이 조금씩 바뀌기 시작했다. 언론에서 단편적으로 보여주는 사건들 속의 김웅과 자신이 쓴 글들, 그리고 긴 호흡으로 진행된 인터뷰에 나타나는 김웅의 모습은 너무나도 다른 사람이었다. 처음 읽어본 〈검사내전〉에서의 모습도 내가 오랜 기간 쌓아온 검사라는 직업에 대한 편견과도 거리가 있었다.

'이 사람 뭐지?' 호기심이 생기기 시작했다.

호기심과 흥미가 생기자, 이 책을 어떻게 구성해야 할지에 대한 고민도 함께 밀려왔다. 역경을 이겨내고 정치에 눈을 뜬 흔하디흔한 정치인들의 출판 기념회용 책들과는 달라야 한다고 생각했다. 그래서 먼저, 몇 가지 원칙을 정했다.

- 억지로 인생 서사나 감동 포인트를 쥐어짜려 하지 않는다.
- 휘발성으로 소비되는 현안보다는 장기적 문제 인식과 해결에 중점을 둔다.
- 누구나 쉽게 내용을 이해하며 읽을 수 있도록 쓴다.
- 김웅만의 포인트를 찾아내서 보여준다.

내가 그러했듯, 사람들이 김웅이라는 의원에 대한 오해가 조금은 풀릴 수 있도록 한다.

그렇게 해서 1부와 2부는 인터뷰의 성격을 다르게 구성했다. 1부는 과거와 현재, 그리고 미래에 중점을 두었다면, 2부는 김웅이라는 정치인은 어떤 철학 혹은 브랜드의 정치를 하는가를 보여주고자 했다. 인터뷰방식도 1부는 팟캐스트처럼 편안하게 진행하고, 2부는 1:1 대담 형식으로 진행하는 방식을 취했다.

책의 구성을 그렇게 하기로 하고 실제로는 2부 인터뷰를 먼저 진행했다. 인터뷰 시간상 2부가 짧을 수밖에 없는데, 1부의 장시간 인터뷰를 진행한 후에 지친 상황에서 다소 진지한 대담을 나누면 대답이 질적으로 떨어질 것이, 뻔했기 때문이다. 그러나, 독자로서는 1부의 내용을 먼저 읽고, 2부를 접해야 어떤 사고의 성립 과정이나 전개를 이해하기 편할 것으로 판단했다.

또한, 검사 시절의 질문은 웬만하면 하지 않았다. 이 책은 정치인 김웅의 이야기고, 검사 김웅의 이야기는 궁금하다면 그의 베스트셀러 〈검사내전〉을 읽으면 된다. 검사 시절 생각한 수사권 조정이나 검사 본연의 역할 등에 관한 이야기 정도만 담았을 뿐, 검사 김웅의 이야기는 거의 없다.

이 책을 집어 드는 분들이 정치인 김웅을 만나기에 앞서 책의 내용이나 구성을 이해하는 데 도움이 되기를 바라며...

2023년 5월, 인터뷰어 정인성 씀

1부

어제, 오늘, 그리고...

CHAPTER.01

저는 이 거대한 사기극에 항의하기 위해 사직합니다.

평생 명랑한 생활형 검사로 살아온 제가 할 수 있는 것은 이것뿐입니다. 경찰이나 검찰이나 늘 통제되고 분리되어야 한다고 주장해온 제가 할 수 있는 최선입니다. 비루하고 나약하지만 그래도 좋은 검사가 되기 위해 노력했습니다.

혹자가 대중 앞에서 정의로운 검사 행세를 할 때도 저는 책상 위의 기록이 국민이라고 생각하고 살았습니다. 권세에는 삐딱했지만, 약한 사람들의 목소리에는 혼과 정성을 바쳤습니다. 그래서 제 검사 인생을 지켜보셨다면 제 진심이 이해되리라 생각합니다.

검찰 가족 여러분, 그깟 인사나 보직에 연연하지 마십시오.

〈김웅 의원이 검찰에 사표를 제출하며 이프로스에 올린 글 中〉

검사내전 그 후.

> "모든 문제를 해결하려면요,
> 처음으로 돌아가면 돼요."

이쌍규 : 검사 생활을 20여 년 한 건가요?

김 웅 : 18년이죠. 연수원 2년 빼면.

이쌍규 : 그러면 검사 생활 18년 동안 대한민국의 검찰은 어떻게 변했나요?

김 웅 : 변했어요. 많이 변했어요. 국민의 검찰에 대한 불신이 많이 커졌고, 여기에 기여한 여러 가지 사건들도 있겠지만, 근본적인 원인은 검찰이 검찰 본연의 역할을 못 해서 그런 거예요.

전혜인 : 그게 어떤 의미죠?

김 웅 : 검찰이라는 제도가 원래는 1801년 프랑스에서 만들어졌어요. 이게 어떻게 생기게 된 거냐면, 우리가 장 발장[1] 을 읽어보면 자베르 경감[2]이라고 하는 사람이 장 발장을 계속 수사하고 쫓고 막 이러잖아요. 정말 무자비하게 법만 내세워서 수사하고, 간단한 죄를 지었는데도 그걸 가지고 마치 죽일 놈처럼 덤벼들잖아요. 이 사람은 자신을 절대 선善이라 여기죠. 옛날에는 판사와 수사하는 자베르 경감, 그리고 장 발장 이렇게 밖에 없었어요. 그러다 보니까 판사와 경감이 장 발장과 같이 힘없는 사람을 무자비하게 죽이는 겁니다. 자기에 대해서 제대로 변호도 못 하고 당하는 거죠. 그래서 이렇게 하면 안 되겠다 해서 프랑스 대혁명[3] 이 터졌을 때, 장 발장의 편

---

1 **장 발장(Jean Val jean).** 프랑스의 소설가 빅토르 위고가 1862년 발표한 장편소설 《레 미제라블》에 나오는 인물이며 소설의 주인공이다.

2 **자베르 경감.** 레 미제라블의 등장인물. 엄격한 원칙주의자이며, 작품 전체에서 주인공 장 발장과 대립한다. 장 발장과 마찬가지로 빅토르 위고의 절친 비도크를 모델로 창작된 캐릭터이다. 정확히는 '안티테제'에 가깝다.

3 **프랑스 대혁명.** 1789년 7월 14일부터 1794년 7월 28일에 걸쳐 일어난 프랑스의 시민혁명. 프랑스혁명은 사상혁명으로 시민혁명의 전형이다. 전 국민이 자유로운 개인으로서 자기를 확립하고 평등한 권리를 보유하기 위해 일어선 혁명이라는 보다 넓은 의미를 포함하고 있다.

에 서서 법이 제대로 적용이 되는지, 수사가 제대로 이루어지고 있는지를 감시하는 사람을 두도록 해서 만들어진 게 검사입니다.

예를 들면, 예전에는 링 위에서 홍코너 선수하고 청코너 선수만 싸웠던 거예요. 홍코너 선수는 경찰이고, 청코너는 일반 시민이라 치죠. 경찰은 무조건 힘이 더 세잖아요. 경기하다가 뒤에서 파이프를 꺼내 들어서 때리고, 쓰러져 죽어가는 데도 계속 밟아요. 판사는 링 밖에 있어서 개입을 못 해요. 게임이 진행되는 동안에 개입을 안 하다가 결과만 판정 내리는 겁니다. 그래서 게임의 공정성을 위해서 검사라는 레프리(Referee, 심판)를 안에 집어넣은 거예요. 홍코너의 경찰이 흉기를 쓰는지 안 쓰는지 감시하고, 흉기를 쓰면 그 자리에서 뺏고, 청코너 시민이 쓰러져 있으면 그만 때리게 하고. 그게 검사 본연의 역할입니다.

하지만 우리나라는 그게 아니에요. 홍코너 선수가 청코너 선수에게 돈을 받아먹고 일부러 져 주는 경우가 많았어요. 근데 '범죄와의 전쟁'[4]이 터지고, 도

---

4 **범죄와의 전쟁.** 노태우 대통령이 1990년 10월 13일 특별선언을 통해 범죄와 폭력에 대한 전쟁을 선포하고, 경찰력을 총동원하여 범죄소탕에 나선 사건.

저히 이래서는 안 되겠다 싶어서 홍코너 선수 대신에 레프리를 선수로 집어넣은 겁니다. 청코너 선수가 두 명이 된 거예요. 그러니까 이제 검찰이 직접 수사를 하고, 막 마음대로 때리고 그러면서 사람들이 죽어 나가기 시작한 거죠.

이쌍규 : 사냥개 역할을 했다는 거죠? 중재해야 하는데, 본인이 사냥개 역할을 하니까.

김 웅 : 개가 물려고 할 때 그걸 막아주는 역할을 해야 하는데, 스스로 개가 되어버리니까 사람들이 더는 존중을 안 해주는 겁니다. 실망하는 거고. 원래 우리나라에서 검찰만큼 사랑받은 조직도 없었어요. 사랑을 많이 받았어요. 각종 영화나 드라마 이런 데서는 주인공으로 나왔단 말이에요. 이 사람들이 세상을 바로잡아줬으면 하는 기대가 있었는데, 실제로 그렇지 못했던 거죠. 따지고 보면 다른 직종도 뇌물 받아먹은 사건이 발생하고, 사건 사고들이 잦지만 유독 검찰이 욕을 먹는 이유는 바로 이런 본분을 저버렸기 때문입니다.

전혜인 : 만약 검사 김웅이 검찰총장 후보로 올라갔다면, 국회의원 김웅은 검사 김웅에게 어떤 조언을 해주고 싶으신가요?

김 웅 : 1801년도 검찰이 왜 생겼느냐. 1801년도에 왜 검찰이 생겼는지를 돌아보고 그때로 돌아가라. 모든 문제를 해결하려면요, 처음으로 돌아가면 돼요. 그때로 돌아가라. 그때로 돌아가면 검찰은 살아난다.

전혜인 : 초심初心 을 다시 생각해보자.

이쌍규 : 일각에서는 '검수완박'[5]에 반대하는 대표적인 분들이 김웅 의원을 꼽는데, 지금 내용은 초점이 조금 다른 것 같은데요?

김 웅 : 심지어 정치인들마저도 제가 이야기를 하면 아, 김 의원이 이런 주장을 했었어요? 김 의원은 검찰이 다 수사를 해야 하는 그런 거 아니었어요? 라고 이야기를 해요. 저는 지금까지 살아오면서 단 한 번도 그런 얘기를 해본 적이 없습니다.

제가 말하는 수사권 조정이라는 건 검찰은 레프리 역할만 하게 하고, 선수로 못 뛰게 해야 하는 거예요. 직접 수사를 해서도 안 되고, 만약 해야 한다면 통제를 받아야 해요. 검찰의 수사 기능이 커지는 것

---

5 **검수완박.** '검찰 수사권 완전 박탈'의 줄임말. 검수완박이 이루어지면 검찰은 기소 및 공판 업무를 전담하게 되고, 법률이 정한 경우를 제외하면 수사업무를 수행하지 못한다.

은 세계적인 추세이기도 합니다. 이번에도 보면 트럼프 전 대통령을 수사하는 게 뉴욕검찰이에요. 동경지검 특수부도 역할이 커지고 있고, 마피아와 싸우는 것도 주로 검찰에서 하죠. 하지만, 그 나라들은 수사를 통제하는 방법이 잘 갖춰져 있어요. 우리의 경우에는 경찰의 수사도 통제가 안 되고, 검찰의 수사도 통제가 안 되니 마음대로 하는 겁니다. 경찰과 검찰이 선수로 뛰면서 불법적인 수사를 자행하고, 상대방 약점을 들고 와서 이야기하고, 그 사람에 대한 불리한 이야기를 미리 갖다가 퍼뜨리고, 언론을 이용해서 사람을 인격적으로 죽여 놓고. 이런 비열한 수사를 해왔기 때문에 사람들이 봤을 때 더는 검찰을 믿을 수 없게 된 것이지요.

그런데 마침 엉뚱한 수사권 조정안이 통과되었습니다. 검찰 수사가 통제를 안 받으니, 경찰 수사도 통제하지 말라고 하는 거예요. 그러면서 조국 씨가 뭐라고 이야기했냐면, 검찰의 특수수사[6]는 잘하고 있으니까 계속하라라고 한 거죠. 정반대 방향으로 간 거예요. 레프리도 빼고 홍코너의 선수 모두 통제를

6 **특수수사.** '특별수사'를 특수수사라고도 하며, 일반적으로 검찰에서 직접 경찰이 송치하는 사건이나 고소장을 받아서 수사하는 것이 아니라, 제보를 받아서 직접 수사에 착수하는 경우를 말한다.

받지 않는 식으로요. 국가가 수사권이라는 것을 통해서 개인을 핍박할 수 있는 것을 막아보자고 했는데, 엉뚱한 방향으로 수사권 조정이 이루어진 거죠.

나중에 누군가는 여기에 대해서 평가를 할 거예요. 그러면 그게 분명히 잘못됐다는 걸 이야기하고 책임지는 사람이 있어야 하잖아요. 그런데 이리저리 보니까 그럴 사람이 딱히 안 보이더라고요. 또 제가 예전부터 후배들 앞에서 무게 잡느라 여기저기 직을 걸고 막겠다고 떠들어댔어요. 그런데 통과가 되었잖아요. 책임져야죠.

이쌍규 : 수사권 조정이 통과되면 사표를 낼 생각을 미리 가지고 계셨던 건가요?

김 웅 : 생각은 하고 있었죠. 그때 총회가 있어서 법무연수원이 있는 진천에 내려가 있었어요. 저녁에 후배들하고 술을 마시다가 조정안이 통과되었다는 얘기를 들었죠. 그래서 먹먹한 마음에 이거 어떻게 해야 하나 생각을 했어요. 다음 날 아침에 술 깨고 든 생각이 명예를 지켜야겠다는 거였습니다. 지금도 변호사들이 이야기하거든요. 수사권 조정으로 변호사 살 돈이 없는 사람들은 고소, 고발도 못 하는 세상이 왔는데, 너희 검찰은 대체 뭐 했냐고. 그럴 때

'뭔 소리냐? 김웅이 안 된다고 사표도 썼다'라는 얘기 정도는 들어야겠다는 생각을 한 거예요. 그래서 그날 사표를 냈죠.

이쌍규 : 사모님하고 상의는 했습니까?

김 웅 : '만약 이게 통과되면 사표를 낼 거다'라고 미리 얘기는 해놨지만, 그날 사표를 쓰고 나서 아내에게 전화로 얘기를 했고요. 어머니는 뉴스를 통해서 나중에 들으셨고.

전혜인 : 사모님 반응은 어땠어요?

김 웅 : 아내는 좋아했어요. 제가 검찰f에 있을 때 고생을 좀 많이 했거든요. 그 조국 무리한테 워낙 많이 당했기 때문에 속 시원하다고 생각했던 것 같아요. 제가 더는 고생하는 모습을 보지 않아도 되니까 많이 좋아했었습니다.

이쌍규 : 그러면 사표를 쓰고 정치에 참여하게 된 계기는 무엇인가요?

김 웅 : 유승민 의원님 때문이죠.

김웅 의원이 검찰에 사표를 제출하며 이프로스[7]에 올린 글 전문

아미스타드Amistad, 노예 무역선입니다. 1839년 팔려 가던 아프리카인들은 반란을 일으켜 아미스타드 호를 접수합니다. 그들은 고향으로 돌아가려고 합니다. 하지만 범선을 운항할 줄 모르죠. 어쩔 수 없이 백인에게 키를 맡깁니다. 키를 잡은 선원들은 아프리카로 가겠다고 속여 노예제가 남아있던 미국으로 아미스타드 호를 몰고 갑니다. 우리에게 수사권 조정은 아미스타드 호와 같습니다. 국민에게는 검찰개혁이라고 속이고 결국 도착한 곳은 중국 공안이자 경찰공화국입니다.

철저히 소외된 것은 국민입니다.

수사권 조정안이란 것이 만들어질 때, 그 법안이 만들어질 때, 패스트트랙에 오를 때, 국회를 통과할 때 도대체 국민은 어디에 있었습니까? 국민은 어떤 설명을 들었습니까?

---

7 **이프로스.** 검찰 구성원 사이의 의사소통을 원활히 하고 지식을 공유하기 위해 구축한 검찰 종합 정보통신망

검찰개혁이라는 프레임과 구호만 난무했지, 국민이 이 제도 아래에서 어떤 취급을 당하게 되는지, 이게 왜 고향이 아니라 북쪽을 향하는지에 대한 설명은 전혀 없었습니다. 의문과 질문은 개혁 저항으로만 취급되었습니다. 이 법안들은 개혁이 아닙니다. 민주화 이후 가장 혐오스러운 음모이자 퇴보입니다. 서민은 불리하고, 국민은 더 불편해지며, 수사기관의 권한은 무한정으로 확대되어 부당합니다. 이른바 3불법입니다.

서민은 더 서럽게, 돈은 더 강하게, 수사기관은 더 무소불위로 만드는 이런 법안들은 왜 세상에 출몰하게 된 것일까요? 목줄 풀고, 입 가리개 마저 던져버린 맹견을 아이들 사이에 풀어놓는다면 그 의도는 무엇일까요? 단순히 '우리 애는 안 물어요'라고 말하는 순진함과 무책임함이 원인일까요?

의도는 입이 아니라 행동으로 표출됩니다.

권력기관을 개편한다고 처음 약속했던 '실효적 자치경찰제', '사법경찰 분리', '정보경찰 폐지'는 왜 사라졌습니까? 수사권조정의 선제조건이라고 스스로 주장했고, 원샷에 함께 처리하겠다고 그토록 선전했던 경찰개혁안은 어디로 사라졌습니까? 그토록 소중한 아이가 사라졌는데, 왜 실종신고조차 안 합니까? 혹시 정보경찰의 권력 확대 야욕과 선거에서 경찰의 충성을 맞거래했기 때문은 아닙니까? 결국, 목적은 권력 확대와 집권 연장이 아닙니까? 그래서 '검찰 개혁'을 외치고 '총선 압승'으로 건배사를 한 것인가요? 많은 사람이 걱정하고 우려하고 있습니다. 그것이 아니라면 약속을 지키십시오.

물론 엊그제부터 경찰개혁도 할 것이라고 설레발 치고 있습니다. 하지만, 사기죄 전문 검사인 제가 보기에 그것은 말짱 사기입니다. 재작년 6월부터 지금까지 뭐 했습니까? 해 질 녘이 다 되어 책가방 찾는 시늉을 한다면 그것은 처음부터 학교 갈 생각이 없었던 것입니다. 마지막까지 철저하게 국민을 속이는 오만함과 후안무치에는 경탄하는 바입니다. 같은 검사가, 같은 방식으로 수사하더라도 수사 대상자가 달라지면 그에 따라 검찰개혁 내용도 달라지는 것입니까?

수사 대상자에 따라 검찰개혁이 미치광이 쟁기질하듯 바뀌는 기적 같은 일은 어떻게 이해해야 합니까? 언제는 검찰의 직접 수사가 시대의 필요라고 하면서 형사부를 껍데기로 만드는 수사권조정안을 밀어붙이지 않았나요? 그러다 검찰 수사가 자신에게 닥치니 갑자기 직접 수사를 줄이고 형사부를 강화해야 한다고 주장한다면 그 갈지자 행보는 어떻게 이해해야 합니까? 사법 통제와 사건 종결 기능을 제거하고서 형사부가 강화됩니까?

자동차의 엔진 빼고, 핸들 떼고서 바퀴만 더 달면 그 차가 잘나가나요? 혹시 세계 8대 난제에라도 올리고 싶은가요? 도대체 검찰개혁은 양자역학이라도 동원해야 이해되는 것입니까? 그렇게 현란한 유로스텝 밟다가 발목 부러질까 걱정스럽습니다.

저는 이 거대한 사기극에 항의하기 위해 사직합니다.

평생 명랑한 생활형 검사로 살아온 제가 할 수 있는 것은 이것뿐입니다. 경찰이나 검찰이나 늘 통제되고 분리되어야 한다고 주장해온 제가 할 수 있는 최선입니다. 비루하고 나약하지만 그래도 좋은 검사가 되기 위해 노력했습니다. 혹자가 대중 앞에서 정의로운 검사 행세를 할 때도 저는 책상 위의 기록이 국민이라고 생각하고 살았습니다. 권세에는 비딱했지만 약한 사람들의 목소리에는 혼과 정성을 바쳤습니다. 그래서 제 검사 인생을 지켜보셨다면 제 진심이 이해되리라 생각합니다. 검찰 가족 여러분, 그깟 인사나 보직에 연연하지 마십시오.

봉건적인 명에는 거역하십시오. 우리는 민주시민입니다. 추악함에 복종하거나 줄탁동시[8]하더라도 겨우 얻는 것은 잠깐의 영화일 뿐입니다. 그 대신 평생의 더러운 이름이 남는다는 것을 잊지 마십시오. 결국, 우리는 이름으로 남습니다.

저는 기쁜 마음으로 떠납니다. 살아있는 권력과 맞서 싸워 국민의 훈장을 받은 이때, 자부심을 품고 떠날 수 있게 해주셔서 감사합니다.

김 웅 드림

---

8 **줄탁동시(啐啄同時)**. 병아리와 어미 닭이 안과 밖에서 동시에 쪼아 병아리가 나오는 것을 돕는다는 것을 의미한다. 어미 닭이 알을 품고 있다가 부화 때가 되면 병아리가 안에서 부리로 쪼게 되는데 이것을 '줄'이라 하고, 어미 닭이 그 소리에 반응하여 껍질을 쪼는 것을 '탁'이라 한다. 원래는 깨달음의 오묘한 합작 과정을 일컫는 말이지만, '손뼉도 마주쳐야 소리가 난다'는 의미와도 비슷하게 사용된다.

존재감 없는 아이의 정체성 찾기

정인성 : 자기소개 부탁드립니다.

김 웅 : 안녕하세요. 국회의원 김웅입니다.

정인성 : 몇 년생이시죠?

김 웅 : 1970년생입니다.

정인성 : 태어나신 곳은 어디인가요?

김 웅 : 원래 태어난 곳은 전라남도 여수시였고, 다섯 살부터는 순천시에서 계속 자랐습니다.

전혜인 : 의원님은 친구들 사이에서 어떤 아이였나요?

김 웅 : 그냥 뭐 명랑하고, 제일 쉬운 친구였죠. 뭐 할 때 꼭 끼워주기는 하는데 같은 편은 아닌… 꼭 같이 하자고는 하는데 굳이 우리 편이 되어서는 안 될 거 같고…

이쌍규 : 혹시 왕따는 아니었죠?

김 웅 : 왕따는 아닌데, 초등학교 4학년 겨울 방학 때 교통 사고를 당해서 병원에 꽤 오래 입원을 했거든요. 그러다 보니 아이들하고 많이 떨어져 있게 되고, 돌아와 보니 상당히 멀어져 있더라고요.

전혜인 : 그때 많이 다치셨나요?

김 웅 : 많이 다쳤죠. 그때는 다리를 절단해야 한다고까지 했었는데, 다행히 그러진 않아도 됐죠. 그래서 이쪽 다리가 더 길어요. 제가 키는 왼쪽 다리로 재면 키가 더 늘어납니다.

전혜인 : 〈검사내전〉에서도 읽었는데, 3cm 차이가 나신다고요. 그래도 제가 알기로는 21대 국회의원 최장신으로 알고 있는데, 키가 어떻게 되시나요?

김 웅 : 쑥스럽네요. 187입니다. 한 1cm 줄어든 것 같습니다.

전혜인 : 어린 시절 의원님을 잘 표현하는 단어나 별명 같은 것이 있다면?

김 웅 : 저 어렸을 때 별명은 '끼웅띠'였어요.

이쌍규 : '끼웅띠'요?

김 웅 : 김웅인데, 김웅, 김웅, 김웅 그러다가 어떻게 '끼웅띠'가 되더라고요. 정말 싫었어요.

전혜인 : 저한테는 좀 귀엽게 들리는데.

김 웅 : 이제 친구들이 하도 놀려서... 친구들하고 잘 지냈는데, 푼수 끼가 좀 많았죠. 그러고 보니 놀림을 많이 당하긴 했던 것 같아요.

전혜인 : 그러면 어렸을 때 무엇을 할 때 가장 즐거우셨나요?

김 웅 : 어렸을 때는 저 혼자 있는 것을 좋아해서 책 읽는 걸 되게 좋아했던 것 같아요. 그래서 주변에 책 있는 집들 찾아다니면서 읽고, 나중에는 학교에 도서관 생기니까 도서관 가서 읽고 그랬죠. 중학교 들어갈 때쯤 되니까 학교 도서관의 책은 거의 다 읽었더라고요.

전혜인 : 혹시 그러면 그렇게 책을 많이 읽으셔서 공부를 잘하게 되신 건가요?

김 웅 : 그렇진 않았어요. 소위 말하는 좋은 대학교에 간 것은 맞는데 그건 이제 고등학교 3학년 때 나름대로 열심히 노력했었고 그전에는 공부해야 하는 이유를 잘 몰랐었어요. 그리고 공부하는 게 너무 싫어서 귀

찮더라고요. 그래서 공부를 별로 안 했는데 고등학교 3학년 올라가면서 친구가 같이 공부하자고 겨울방학 때부터 저를 붙잡고 같이 공부를 시켰죠.

전혜인 : 원래 꿈이 검사였나요?

김 웅 : 아니요. 검사가 뭔지도 몰랐어요.

이쌍규 : 그러면 어릴 때 꿈이 어떤 것이었나요?

김 웅 : 고등학교 2학년까지는 별생각이 없었어요. 책을 좋아하니까 소설가가 됐으면 좋겠다는 생각을 잠깐 했었는데, 책을 읽으면 읽을수록 이거 아무나 되는 게 아니라는 생각이 들더라고요. 고3 때는 대학을 가야겠다고 생각해서 공부했고, 대학에 들어가서 보니까 그때는 87년 대선에서 진 이후라 축적된 분노의 에너지 안에 들어가게 된 거예요. 그래서 자연스럽게 학생운동도 하게 되었고요.

전혜인 : 혹시 부모님은 어떤 분들이셨나요? 자랄 때 영향을 많이 받으셨나요?

김 웅 : 그런 것 같아요. 저희 아버지는 원칙주의자시고, 엄청 소심하시고, 규범이나 규칙을 단 하나도 어기지 않는 그런 스타일이세요. 어머니는 여장부시고, 활발하시고 그렇죠. 제가 쓰는 화법에서 다소 거칠

고 세게 나오는 말은 다 저희 어머니 화법입니다. 직설적으로 그냥 쏴버리고. 그런 데서 영향을 많이 받았던 것 같아요. 어머니께서 늘 제게 말씀해주셨거든요. 어떤 상황이 되더라도 고개 숙이거나 추잡하게 살지 말라고.

이쌍규 : 그러면 어머니 쪽에 영향을 많이 받으신 거네요.

김 웅 : 그렇죠. 그런데 소심한 면은 저희 아버지를 많이 닮은 것 같기도 해요.

이쌍규 : 집안은 유복한 편이었나요?

김 웅 : 아버지가 원래 법대를 나와서 사법고시를 너무 보고 싶어 하셨는데 집에서 뒷받침이 안 되니까 포기하고 지방 공무원을 하셨어요. 그러다 사업을 하셨는데 사업이 꽤 성공해서 어렸을 때는 꽤 부유하게 살았어요.

이쌍규 : 가족관계가 어떻게 됐죠?

김 웅 : 어머니, 아버지 계시고 위로 형 둘이 있고요. 밑에 동생이 하나 있었는데 병이 있어서...

전혜인 : 거기까지만 하겠습니다. 타임머신을 타고 어린 시절로 돌아간다면 어린 시절의 나에게 뭐라고 이야

기해주고 싶으신가요?

김 웅 : 달리기를 좀 많이 해라. 다시 어린 시절로 돌아간다면 건강에 신경을 많이 썼을 것 같아요. 운동도 열심히 하고. 제가 어려서는 교통사고도 당하고 자주 아프고 그러니까 안 움직이게 되더라고요. 맨날 책만 읽고 그랬는데, 다시 그 시절로 돌아간다면 운동을 열심히 했을 것 같아요.

전혜인 : 지금은 달리기나 운동 많이 하시나요?

김 웅 : 꾸준히 하고 있습니다. 꾸준히 달리고, 꾸준히 PT도 받고. (송파) 성내천에서 큰 키에 선글라스 끼고 미친놈처럼 달리고 있는 사람을 발견하시면 그게 접니다. (웃음)

이쌍규 : 187cm면 몰라보기도 힘들겠네요. 그렇게 순천에서 쭉 생활하시다가 서울대학교 정치학과로 입학하셨는데 성적에 맞춰서 간 겁니까? 아니면 무슨 특별한 이유가 있었습니까?

김 웅 : 제가 고등학교 1학년 때까지는 공부를 되게 못 했는데, 고3 때는 되게 잘했었어요. 그렇게 될 수 있었던 이유는 저희 반에 전교 1등 하는 친구가 있었는데, 이 친구가 제가 모르는 게 있으면 다 가르쳐

줬어요. 영재라는 친구인데 수학도 쉽게 푸는 방법을 다 알려주고, 그 친구 덕을 크게 봤죠. 그런데, 고3 때 성적이 아무리 잘 나와도 1, 2학년 때 하도 못 해서 2등급 막판으로 지원할 수 있더라고요. 1등급이 지원할 수 있는 데는 서울대 법대, 경제학과 이런 데고, 2등급은 경영학과, 이공학과 등이었는데, 그 밑에서 보니까 정치학과가 있더라고요? 여기는 뭐 하는 데냐고 우리 고등학교 선배들에게 물어봤더니 서울대에서 가장 잘 노는 학과래요. (웃음)

외교학과도 있었는데, 거기는 외국 한 번씩 갔다 온 서울 애들이 많이 가고 자기들끼리 막 영어로 이야기하고 이런다는 거야. 그래서 거긴 못 가겠다. 사실, 역사를 좋아하기도 해서 동양사학과에 가고 싶은 마음도 있었어요. 근데 선생님이 거기 나오면 취직하기 어렵다고 하시더라고요. 어차피 돌아보면 정치학과도 마찬가지였는데... 그렇게 정치학과에 지원해서 다니게 되었어요.

이쌍규 : 아무리 공부를 못했다고 해도 고3 때 공부 잘했다고 서울대를 갈 수 있었던 건 순천고가 명문고라서 그런 거 아닙니까? 당시 순천고에서 서울대에 몇 명이나 보냈었나요?

김 웅 : 한 5~60명 들어갔죠. 저 때는 고등학교에 시험을 쳐서 들어갔어요. 중학교 때 시험을 쳐서 들어갔는데, 고등학교 때 우리 반을 쭉 둘러보니까 중학교 졸업할 때 1등으로 졸업한 친구들만 반 전체의 1/3이더라고요. 똑똑한 친구들이 많이 들어온 거죠. 솔직히, 더 좋은 환경에서 공부할 수 있었다면 서울대 같은 좋은 대학에 두 배는 더 보냈을 거예요. 지방이 아무래도 서울과 비교해서 공부할 수 있는 환경이 매우 열악하거든요.

전혜인 : 이후, 순천에서 서울에 올라와서 생활을 시작하게 되었는데, 적응하는 데 어려움은 없으셨나요?

김 웅 : 저는 대학 생활은 전체적으로 다 후회해요. 그때 진짜 누가 저한테 조언이라도 좀 해줬더라면 그 시기를 그렇게 힘들게 안 보냈을 것 같은데... 대학교 때는 정말 모든 게 바닥이었어요. 몸도 마음도.

이쌍규 : 제일 힘든 게 뭐였습니까?

김 웅 : 자기관리를 못 하는 거예요. 자기관리. 남들한테 끌려다닌 거죠. 예를 들면, 어떤 동아리에 가서 사회주의를 주제로 공부하는데 저는 분명히 아니라고 생각이 드는 게 있어요. 그러면 이게 아니라고 이야기를 해야 하는데, 한두 번 이야기하면 선배가 되게

면박을 주고 그러니까 막 위축이 되었어요. 무슨 가투(가두투쟁)를 나가자고 하면 저는 명분이 없다고 생각해도 상대가 가자 그러면 어쩔 수 없이 따라갔고. 점점 자기관리도 못 하게 되고 자기 자신을 책임지지 못했죠. 저 자신을 놓아버렸던 시기였던 것 같아요.

이쌍규 : 동아리 활동을 하게 된 계기가 있었나요?

김 웅 : 처음에는 돌아다니면서 사진을 찍는 동아리가 있다고 해서 그 동아리에 들어가려고 본부 동아리방에 갔는데 마침 그 동아리 사람이 아무도 없었어요. 그래서 뻘쭘하게 있는데 현대사상연구회에 있는 선배가 이리 좀 와봐라. 그러더니 대뜸 여기 가입을 하래요. 거기서 '아니요, 됐습니다.' 해야 했었는데 그게 너무 어려웠어요. 대학교 때는 남의 말을 거절하거나 거역하는 게 어려웠어요. 지금은 남이 뭐라고 해도 내가 옳다고 생각하면 그대로 가겠다고 하는 게 그때 못 그랬어서 그런 것도 있는 것 같아요.

이쌍규 : 현대사상연구회는 어떤 곳이었죠?

김 웅 : 아시잖아요. (웃음) 현대적이지도 않고, 사상을 연구하는 부분도 전혀 없고. 거기서 우리 태경이 형[9]이 그쪽에서 NL[10]활동 세게 했죠. 저는 이제 약간

---

9 **하태경.** 국민의힘 국회의원

10 **NL(National Liberation, 민족 해방파).** 운동권의 민족주의 성향 정파. 대한민국 사회의 근본적인 문제는 미국에 종속된 민족모순이라고 판단하여 외세에 반대하며, 북한과 협력하여 통일로 나아갈 것을 주장한다. 일부는 김일성의 주체사상을 신봉하기도 한다.

PD[11]쪽 계열이었고.

이쌍규 : 그러면 그때부터 동아리 활동을 하면서 학생운동을 하시게 된 건가요?

김 웅 : 저는 약간 경계에 서 있었어요. 접점이 없지도 않았고요. 5.18 같은 경우에는 제가 순천에 있을 때만 해도 광주에서 무슨 일이 있었는지 생생하게 들었어요. 근데, 그런 것에 관해서 이야기하는 것이 금기시되던 시대였고. 12.12 쿠데타로 만들어진 정부가 계속 유지되는 것 자체가 정의에 반反한다는 느낌이 있었죠. 그러다 88년에 5.18 청문회가 열려서 조금씩 알려지기 시작했어요. 어렸을 때는 이런 것들이 정의롭지 못하다고 생각했죠.

그런데 이런 정의롭지 못한 상황을 어떻게 타파할 것인가에 대해서는 저와 선배들의 생각이 너무 안 맞는 것이 많았어요. 선배들이 저한테 주는 책들을 저는 이미 예전에 다 읽었었고, 그 책들의 오류에

---

11 **PD(People's Democracy, 민중 민주파).** NL과 운동권을 양분하는 정파로 민족문제를 중시하는 NL과는 달리 우리 사회의 핵심 문제를 계급 문제로 보고 노동운동과 연계하여 자본주의를 극복할 것을 주장한다.

대해서도 다 알고 있는데, 정말 교조적인[12] 그런 걸 가지고 와서 이야기하는 거예요. 사상교육이라고. 소련에서 옛날에 일어났던 일들의 사실관계도 다 틀리고. 정말 비과학적인 거죠. 한 번은 누가 무슨 과학적 사회주의라는 얘기를 하길래, '옛날 소비에트만큼 비과학적인 곳이 없었다. 그때는 유전법칙도 무시하고 유물론[13]에 입각해서 양자역학도 부인하고 그랬던 게 사회주의다'라고 하니까 막 혼을 내더라고요.

이쌍규 : 적극적으로 설명하고 논쟁하지는 않았습니까?

김 웅 : 논쟁이 될 게 아닌 게, 선배들은 그냥 무조건 옳고, 선배들 의견에 반하면 '부르주아bourgeois', '리버럴liberal.' 이러면서 사상교육이 덜 된 사람이라고 하니까. 저 같은 반동분자하고 무슨 논쟁을 해요.

이쌍규 : 그러면 경실련[14]은 언제 참여하게 되신 거예요?

---

12 **교조주의.** 특정한 사상이나 종교에 대해 그것의 역사적 배경을 고려하여 생각하지 않고 어느 시대에나 비판 없이 적용하는 것을 말한다.

13 **유물론(唯物論).** 만물의 근원을 물질로 보고, 모든 정신 현상도 물질의 작용이나 그 산물이라고 주장하는 이론.

14 **경실련(경제정의실천시민연합).** 1989년에 설립된 시민단체로 경제정의와 사

김 웅 : 4학년 때인가… 경실련 사무실이 만들어져서 종로에 있는 경실련 사무실도 다니고, 대학에서 경실련 대학생회를 만들었죠. 대학사회를 한 번 바꿔보겠다고 야심 차게 시작했다가, 보니까 거기도 실망스러운 게 많고. 그래서 쭉 신림동에 나와서 농구나 하면서 허송세월 보내고 그랬죠. 그때 몸이 아파서 수술을 받았었거든요.

이쌍규 : 또 교통사고?

김 웅 : 폐가 기흉氣胸이라고. 그걸로 이제 두 번 수술을 받았었는데, 이렇게 마르고 키 큰 사람들이 여기가 (가슴을 가리키며) 이제 터지는 거예요. 그때 몸무게가 51kg 나갔었어요. 담배도 한 세 갑, 네 갑씩 피우고. 자기 인생 관리를 전혀 못 했으니까. 그냥 막 인생 될 대로 되라는 식으로 살았던 거죠. 수업도 안 들어가고. 그렇다고 연애를 한 것도 아니고. 술은 500cc만 마셔도 길바닥에 쓰러져서 마시지도 못했어요.

이쌍규 : 그러면 사법고시는 언제 시작하신 겁니까?

회 정의를 실현하기 위한 평화적 시민운동을 전개함으로써 민주복지사회의 기틀을 마련하는 데 이바지함을 목적으로 하고 있다.

김 웅 : 경실련 활동을 할 때, 부모님께는 고시를 본다고 거짓말을 했어요. 아무것도 안 한다고는 할 수 없으니까. 그러면서 시민 활동을 하다가 교수님들 몇 분하고 무슨 후원 문제 때문에 좀 싸웠어요. 그래서 사실상 좀 쫓겨나다시피 해서, 그다음에 할 게 없더라고요. 그때 그래서 정말 친한 친구들을 모아서 아침마다 농구나 하러 다니고 그랬어요. 그러면서 한 1, 2년 인생 포기하고 허송세월하고 있는데, 그때 한 친구가 사법고시를 본다고 하더라고요. 어차피 이 상황에서 취직하기도 힘든데 사법고시는 변호사 면허가 나온다고. 그 친구가 유치원부터 저와 같이 다녔던, 정말 가장 친한 친구인데, 그 친구가 또 제 인생에 큰 도움을 준 거죠. 저는 이렇게 주변 친구들이 인생의 중요한 순간마다 도움을 많이 줬어요.

이쌍규 : 고향 친구인 거죠?

김 웅 : 고향 친구죠. 제가 어렸을 때 지나가다가 애들이 저 때리면 그 친구가 막아주기도 하고 그랬어요.

이쌍규 : 그 친구는 지금 뭐 하고 있습니까?

김 웅 : 법원에 있어요. 제가 나중에 검찰이 되고 나서 진주지청을 갔는데, 진주지청 선배들이 그 이야기를 했어요. '진짜 자기 인생에서 만나봤던 판사 중에

이렇게 훌륭한 판사가 없다'라고. 그래서 그게 누구냐고 했더니 그 친구더라고요. 그 친구는 그만큼 훌륭한 친구였어요. 그런 친구가 제게 사법고시를 보라고 하니까 그전에는 괜히 반항심에 사법고시 보는 애들을 개량주의자들, 개인주의자들, 이렇게 생각하다가 생각을 바꾸게 되었죠.

이쌍규 : 몇 번 만에 패스했습니까?

김 웅 : 세 번. 1차를 세 번은 봤는데 두 번은 사실 농구 한다고 제대로 안 했고. 그러다가 그 친구가 저희보고 너네는 모여 있으면 안 된다고 해서 다 흩어지고 나니까 다 같이 붙더라고요.

이쌍규 : 훌륭한 친구네. 그러면 세 번 만에 되고 나서 검사를 선택한 것도 성적 때문입니까?

김 웅 : 네.

이쌍규 : 연수원 성적은 어느 정도였나요?

김 웅 : 연수원 성적은 거의 꼴찌였고요. 그런데 희한하게 들어갈 때 성적은 좋았습니다. 사법고시 성적도 합산하니까 검사도 될 수 있겠더라고요. 그래서 특별히 변호사 사무실에서 오라는 데도 없고, 검사 시보도 해보니까 나름 재미있고 보람도 있고 해서 검사로 지원을 했죠.

이쌍규 : 고시 공부를 하면서 법을 공부했잖아요. 고시로 공부한 법과 검사가 되고 실무로 접한 법은 어떤 차이가 있던가요?

김 웅 : 전혀 다른 거죠. 시험공부로 하는 건 그야말로 답

안을 맞추는 거죠. 답안을 맞추기 위해서 하는 거고 실무에서는 답이 전혀 없어요. 답이 전혀 없는 상황에서 그냥 그걸 이용해서 유추해보고 반대로 해석도 해보고 이런 식으로 맞춰나가는 재미가 있었어요.

이쌍규 : 현실과 본인이 생각하는 법의 정신하고 이렇게 맞추어 가는 그런 과정 자체를 즐겼다. 그러면 검사를 하면서 법의 정신이란 어떤 것으로 생각했었나요?

김 웅 : 일단은 처음에는 검사가 뭐 하는 사람인지 몰랐어요. 뭐 하는지는 모르는 데 가서 보면 나쁜 사람 불러서 호통도 치고 그러니까, 단순하게 나쁜 놈 때려잡는 거라고 생각을 했죠. 근데 검찰에서 무슨 사고가 터지고 그러다 보니까 제가 너무 검사에 관한 공부가 안되어 있구나! 깨달았죠.

그래서 그때부터 검사가 왜 생겼는지 공부를 시작했어요. 책도 읽어보고. 그러다 보니 검사라는 게 나쁜 놈 때려잡는 게 아니고, 국가가 어마어마하게 강한 수사권이라는 게 있는데 이걸 가지고 국민을 막 때려잡지 못하도록 막아주는 유일한 호민관[15] 같은 제도라는 것을 알게 되었죠. 검사가 지켜야 할 정의

---

15 **호민관.** 고대 로마에서 평민들의 권리를 지키기 위해 평민회에서 선출한 관직.

가 어떤 실질적인 정의, 옳고 그름이 아니라 절차적 정의구나. 절차가 제대로 지켜졌느냐, 지켜지지 않았느냐. 이걸 검수해 주는 직업이라는 걸 알게 된 거예요. 그러다 보니까 그 당시에 검찰의 분위기하고 잘 안 맞게 된 거죠.

검사가 어떤 존재여야 한다는 생각이 들고 나서 제 행동도 바뀌기 시작했어요. 한 번은 제가 구속되어서 들어온 사람들을 '혐의없음'으로 해서 다섯 번 연속으로 석방해준 적이 있었어요. 수사가 부당한 부분도 있었고, 저라도 이들의 편에서 판단해주어야 한다고 생각했던 거죠. 그랬더니 그때 차장이 저를 부르더라고요. 뭐 하는 거냐고. 저보고 심각하게 검사로서 자질에 문제가 있다면서 대체 검사를 왜 하냐고 묻더라고요. 어떻게 된 게 경찰에서 자백해 온 것을 따로 조사해서 잘못된 자백임을 굳이 밝히냐는 거예요. 그런데 저는 잘못된 것을 잘못되었다고 생각해서 양심대로 행동한 것이거든요. 여기에 더해 계속 검찰은 특수수사하면 안 되는 거다. 너네는 왜 통제를 받지 않는 수사를 하냐. 경찰 수사를 통제하는데 왜 검사가 수사를 통제하지 않느냐? 자꾸 이런 얘기도 공부하면서 시작하게 되었고요. 그때부터 이제 검찰에서 잘 나가지 못하게 되더라고요.

이쌍규 : 그러기 힘들지 않습니까? 상명하복[16]의 원칙이란 게 있는데.

김 웅 : 그런데 밖에서 보는 것 같이 검찰이 막 그러지는 않아요. 제가 막 난리 치고 박차고 나가면 차장이 또 따로 불러서 '야, 내가 다 너 잘되라고 하는 소리다.' 얘기해주고 풀고 그랬어요. 물론, 저를 따로 추천은 안 해주겠죠. 근데, 그렇다고 불이익을 주지도 않았어요. 제가 검사로서 되게 잘나가지는 못했던 이유 중에는 제가 인간관계를 잘 맺지 못함도 크게 작용했을 거예요. 그건 여느 직업사회에서나 마찬가지 아니겠습니까? 〈검사내전〉에도 썼지만, 우리 국민이 모르는 검찰의 모습이 많아요. 그중 하나가 검찰 조직도 결국 사람들이 모여서 함께 만들어가는 조직이라는 거죠.

---

16 **상명하복(上命下服).** 위에서 명령하면 아래서는 복종한다는 뜻으로 상하 관계가 분명함을 이르는 말이다.

사실 우리나라에서 검사만큼 애증의 대상이 되는 직업도 없다. 영화나 드라마를 보더라도 지겹도록 자주 검사가 등장한다. 화면 속에 등장하는 검사는 거악巨惡의 근원이기도 하고, 모든 불의를 일거에 해결하는 '데우스 엑스 마키나' 같은 장치가 되기도 한다. 하지만 당연히 영화나 드라마 속의 검사들은 현실의 그들과 아무런 관련이 없다.

이 책이 검사라는 직업의 이면이나 실상을 알려주는 역할을 할 것 같지는 않다. 게다가 실상이란 본래 그다지 재미없는 법이다. 검사보다 멋지고 보람 있는 일을 하는 사람들이 훨씬 많다. 사고가 난 곳이면 어디든 번개처럼 달려와 국민의 생명을 구하는 구조대원도 있고, 자신의 굽은 허리보다 더 가파른 남해 섬 비탈에서 고사리를 꺾어 데치고 말리는 촌로도 있으며, 가족들을 위해 천대와 열악한 노동 조건에도 불구하고 프레스 기계 앞에서 졸음을 쫓고 있는 이주노동자들도 있다. 그에 비하면 검사가 하는 일이란 온실 속의 화초 가꾸기 정도에 불과하다.

그 정도는 아니겠지만, 그래도 새벽마다 새 아침을 열어주는 청소부처럼 아무도 눈여겨보지 않는 곳에서 묵

묵히 일하는 형사부 검사들이 있긴 하다. 세상을 속이는 권모술수로 승자처럼 권세를 부리거나 각광을 훔치는 사람들만 있는 것 같지만, 하루하루 촌로처럼 혹은 청소부처럼 생활로서 검사 일을 하는 검사들도 있다.

세상의 비난에 어리둥절해 하면서도 늘 보람을 꿈꾸는 후배들에게, 생활형 검사로 살아봤는데 그리 나쁜 선택은 아니었다는 말을 해주고 싶었던 것 같다. 세상에는 우리보다 무거운 현재와 어두운 미래에 쫓기는 사람들이 더 많으니까.

〈검사내전〉 에필로그 中

정치(유승민)를 만나다.

"유승민 의원만 안 만났으면 제가 참, 인생이 행복했을 텐데."

김 웅 : 사표를 쓴 날이었어요. 제 고등학교 동기가 서울중앙지검 조사부장인데, 검찰에서도 진짜 잘나가는 친구였거든요. 그런데 그 친구가 제가 사표 썼다는 것을 알고 그날 오후에 바로 사표를 썼어요.

전혜인 : 친한 친구였나요?

김 웅 : 엄청 친하죠. 맨날 같이 놀면서 했던 이야기가 있어요. '우리 나중에 사표도 한 날 같이 쓰고, 같이 변호사 사무실 열어서, 좋은 일도 같이하고, 나쁜 일도 같이하자.' 이렇게 이야기를 한 거예요. 저는 까먹었죠. 근데 이놈은 제가 사표 썼다는 이야기를 듣고, 차장을 찾아가서 '사표 써야 되겠습니다.'라

고 하니까 차장이 '뭔 소리냐? 뭔 일이냐?' 그랬더니 '김웅이 사표 써서 저도 사표 쓰렵니다.'라고 그랬다는 거예요. 차장이 처음에는 미쳤냐고 돌아가라고 그러면서 돌려보냈는데, 내려갔다 다시 와서 다시 쓴다고 하니까 '와 이거 미친놈이구나.' 하고 받아줬다고 하더라고요.

진짜 내가 그 친구한테 정말 미안한 게... 저는 그만두고서 너무 지치고 힘들다 보니 집에만 있었거든요. 근데, 이 친구가 돌아다니면서 저랑 같이 들어가려고 변호사 사무실을 돌아다닌 거예요. 이 친구는 중앙지검 조사부장 출신이니까 모든 로펌에서 다 '어서 오세요' 하는데, 저는 아니잖아요. 근데 이 친구가 항상 조건으로 김웅하고 같이 들어가야 한다고 했대요. 근데 법조계에 있는 사람들은 다 알거든요. 조국이 나 싫어하는 거. 민정수석실에서 저 죽이려고 그러는 거. 그러니까 모든 로펌에서 안 된다고 하는 거예요. 김웅 들어오면 세무조사부터 들어온다는 거죠. 그걸 또 제가 미안해할까 봐 저한테 숨기고, 결국에는 저보고 우리 둘이 법무법인을 하나 내버리자고 하더라고요. 자기가 다 알아서 하겠다고.

이쌍규 : 그래서 어떻게 됐나요?

김 웅 : 그 친구가 사무실을 얻을 때도 처음부터 끝까지 저와 다 상의하고, 간판까지 올라갔었어요. 법무법인 선능. 대표 변호사 김웅. 선능이라는 이름도 그거예요. 저는 착하다고 '선', 그 친구는 유능하다고 '능'. 그렇게 해서 올라갔는데 정말 미안하더라고요. 이렇게까지 해주니까. 그래서 고문 변호사 자리라도 몇 개 좀 얻어 봐야겠다는 생각에 평소 잘 알던 형을 만나러 갔어요. 그 형이 워낙 마당발이니까 도움을 좀 얻을 수 있지 않을까 하고요.

그 형이 있다는 모임에 찾아갔는데 몇몇 다른 선배들도 와 있더라고요. 그런데 대뜸 그 자리에 모인 선배들이 제게 거꾸로 부탁하는데, '새로운보수당, 그 사람 한 번 만나주면 안 되겠냐?'는 거예요. 자기들이 그 사람한테 저 만나게 해준다고 벌써 얘기를 해놓았다고. 사실, 그전에도 정치권에서 콜이 많이 왔었습니다. 자유한국당에서도 오고. 근데 아예 전화도 안 받고, 답장도 안 보내고 다 무시했었거든요. 검사 시절에 국회 업무도 하면서 새로운보수당 사람들을 만나보기는 했었는데, 그때 제가 갖고 있던 생각은 '저 사람들 참 어렵고 힘든 길 가는데 진정성은 있어 보인다.'였어요. 그래서 어차피 망해가는 곳인데 한 번 만나나 보자 하고 갔죠. 어차피 안 하면 그만이니까. 그리고 그 자리에 유승민 의원이 나와 있었죠. 유승민 의원만 안 만났으면 제가 참 인생이 참 행복했을 텐데. (깊은 한숨)

유승민 의원을 만났는데, 둘이서만 한 번 더 보자고 하는 거예요. 둘만... 아무래도 정치하자 그럴 것 같았어요. 그래서 안 볼 수는 없고, 대신 '안 한다고 분명히 말을 해야겠다.' 생각한 상태로 다음 만남에 나갔죠. 근데 만나자마자 다짜고짜 자기 당이 굉장히 어렵다고 이야기를 하더라고요. '우리 당으로 지역구를 나가면 당선될 확률이 0%다. 비례는 2번까지는 된다. 근데 후배님을 2번까지 넣어드릴 능력이 안 된다. 그리고 우리 당은 곧 없어질 것 같다.' 심지어 의원들을 개별적으로 만나보니 자유한국당으로 넘어간다고도 하더라고요. 그래서 '아, 이 사람이 지금 뭔 소리를 하는 건가?' 했더니 갑자기 저랑 정치해 보자는 거예요. 그때 많이 놀라기도 했지만 어떤 감동(?)을 느꼈어요.

이쌍규 : 어떤 감동이죠?

김 웅 : 저를 대장부 취급해 준 거잖아요. '내가 너한테 공

천을 줄게. 국회의원 시켜줄게.' 이것도 아니고. '야, 너는 세상이 인정하든 말든 대의명분을 중요시하는 사람 아니냐?'라고 본 거죠. 나를 그렇게 평가해주었기에 솔직할 수 있었을 거고요.

전혜인 : 그래서 어떻게 하셨나요?

김 웅 : 사실, 그때까지만 해도 제가 기사도 많이 나고 그랬으니까요. 아직도 이 당에 기대하는 사람들이 있다. 난파선에 올라타는 사람도 있다는 것을 보여주고 싶었어요. 그리고 없어지고 금방 끝날 줄 알았죠. (웃음) 그래서 한번 해보자는 생각이 들더라고요. 안 하면 후회할 것 같아서. 그렇게 하겠다고 들어가서는 2주인가 있었는데 바로 합당을 하더라고요. 미래통합당이 된 거죠. 그렇게 정치를 시작하게 된 거예요.

이쌍규 : 어차피 황교안 대표의 자유한국당과 통합되리라는 것이 자명한 상황에서. 고향은 전라도이시고, 옛날에 학생운동도 하셨잖아요. 그러면 미래통합당에서 본인이 정치한다는 것에 대한 두려움 같은 건 없으셨나요?

김 웅 : 사실, 저는 검사 생활을 할 때부터 열린우리당(더불어민주당의 전신)에 있는 형들하고 워낙 친했었

어요. 그래서 그쪽 당을 먼저 잘 알고 있었는데, 그러다 대검에 가서 미래기획 형사정책단장을 하면서 국회에서 협업할 일이 많이 생기더라고요. 그러다 보니 이쪽 당 의원이든 저쪽 당 의원이든 많이 만나게 되었죠. 그렇게 해서 자유한국당 의원들도 많이 만나게 되었는데, 그런데 밖에서 보는 것처럼 나쁘다는 생각보다는 그냥 다 똑같다는 생각이 들더라고요.

그러면서 생각이 달라지기 시작한 것은 아무래도 수사권 조정과 관련된 업무를 하면서죠. 더불어민주당 사람들은 이미 답을 정해놓고 제 이야기를 들어주는 척을 했어요. 반면에 자유한국당 의원들은 그런 거짓된 행동을 하지는 않았죠. 저는 저의 일을 열심히 했고, 틀린 것을 틀렸다고 했을 뿐인데 저를 탄압했어요. 게다가 정말 말도 안 되는 수사권 조정안을 패스트트랙으로 밀어붙여서 통과시키고... 저들의 잘못을 뜯어고치려면 차라리 마음에 안 들더라도 저쪽으로 가서 저쪽을 바꾸는 것이 빠르겠다고 생각한 거죠.

또, 원래 제가 보수주의적 성향을 가지고 있기도 했었어요. 제가 영국 보수당의 이야기를 굉장히 좋아하거든요. 영국의 철학자 에드먼드 버크Edmund

Burke도 제가 참 좋아하는데, 이 사람이 프랑스 대혁명이 불러온 엄청난 폭압과 혼돈을 지적했어요. 프랑스 대혁명이 결국에는 엄청난 경제난과 독재, 나폴레옹 전쟁 등의 참화로 국민을 도탄에 빠뜨렸는데 애초에 그 혁명이 진보적이고 좌파적인 사고에 근거해서 이루어진 것이었고요. 그런 관점에서 봤을 때, 정말 힘없는 다수가 희생되지 않도록 안정적인 변화를 이끌어야 한다는 보수주의적 관점에 제가 많이 공감하고 있었습니다. 그래서 그렇게 거부감이 들거나 어렵지는 않았어요.

이쌍규 : 가족들의 반대는 없었나요?

김 웅 : 아, 엄청나게 반대했죠. 아내가 늘 얘기하는 게, 당신이 왜 저런 사람들 사이에서 저런 평가를 듣고 사느냐는 거예요. 당신을 욕하고 있는 사람 중에 당신처럼 사는 사람도 없지 않으냐? 저 비열한 사람들이 왜 욕을 하는지도 모르겠는데, 저런 사람들이 오히려 더 잘 되는 그런 부조리한 곳에 왜 당신이 있어야 하냐. 명백히 누가 봐도 잘못된 건데 예를 들면 그런 거죠. 누가 봐도 '바이든'인데 그걸 '날리면'이라고 거짓말하는 것.[17] 거기에 대해서 아무도

17 2022년 9월 22일 윤석열 대통령이 미국 순방 중 "국회에서 이 새끼들이 승인

말도 못 하고. 다른 사람들이 그걸 봤을 때 우리를 뭐로 보겠어요.

이쌍규 : 부모님은?

김 웅 : 아버지 돌아가시고 어머님은 혼자 계시는데. 제가 입당식 하는 게 YTN 뉴스에 나왔나 봐요. 순천시 조계동 현대아파트 경로당에서 탁구 치시다가 친구분이 '강 회장! 강 회장! 이리 좀 와봐. 지금 당신 아들이 테레비에 나와!' 그래서 뭔 일인가 봤더니 갑자기 내가 무슨 당에 입당한다고 나온 거죠. 그날 전화 안 받았어요.

전혜인 : 왜 안 받으셨나요?

김 웅 : 욕할까 봐. 우리 엄마는 바로 욕하죠.

이쌍규 : 전라도라서?

김 웅 : 아니, 그걸 떠나서 네가 왜 정치를 하냐 이거죠. 세

안 해주면 바이든이 쪽팔려서 어떻게 하냐"라고 발언한 것을 두고, 대통령실이 "국회에서 이 새끼들이 (야당이 오늘 약속한 공여금을) 승인 안 해주고 (예산안을) 날리면 (내가) 쪽팔려서 어떡하나"라고 발언한 것이라고 해명하며 이를 보도한 MBC에 소송을 제기한 사건을 이야기하는 것.

상에 제대로 된 사람 중에 가족이 정치하는 거 좋아하는 사람이 어디 있어요.

이쌍규 : 그러면 송파구 출마는 어떻게 결심하게 됐습니까?

김 웅 : 아까도 말씀드렸지만, 저는 처음에 새로운보수당에 가면 대강 공천관리위원 정도나 하다가 당 없어지면 빠져나올 거로 생각했어요. 그래서 친구한테도 사무실 방 그대로 남겨두라고 했죠. 다시 돌아갈 거니까. 근데 이게 합당이 되고 나니까 다들 제가 출마하는 거로 아는 거예요. 그것도 비례로 나가보라고 하더라고요.

그런데 비례를 하려고 딱 보니까 그때 준연동형 비례대표제[18]가 생기면서 당 밖의 당을 또 하나 만들더라고요. 게다가 한선교 전 의원이 거기 당 대표라는 거예요. 그 밑에 들어가려고 또 탈당하고 그런 것을 생각하니까 너무 자존심이 상하더라고요. 내가 정치를 시작한 지 얼마 되지도 않아서 소속정당 이름이 두 번 바뀌었는데, 나갔다 들어오면 네 번이

---

18 제21대 총선에서 처음으로 준연동형 비례대표제가 도입되었고, 당시 여당인 더불어민주당과 야당인 자유한국당은 비례대표 의석 확보를 위한 위성정당, 더불어시민당과 미래한국당을 각각 창당했다. 미래한국당의 대표가 한선교 前 의원.

되는 거잖아요. 그래서 유승민 대표한테 전화해서 안 나가겠다고 얘기를 했죠.

그랬더니 유승민 대표가 "그러면 지역을 한 번 나가보시는 게 어떻겠냐?" 하더라고요. 지금 이 상황에서 어떻게 안 나갈 수가 있냐. 우리 새보계 쪽에서는 뉴 페이스가 당신밖에 없는데. 영입 1호이자 마지막이니까. 그래서 그러면 어디로 나가야 하냐고 물으니, 유의동 의원하고 한 번 상의해보라 하더라고요. 유의동 의원한테 전화를 걸었더니 우리 당에서 진짜 중요한 지역이 송파, 강남, 서초 갑. 그 '세 갑' 이라 하더라고요. 우리 새로운보수당 계열에서 이 중 하나는 잡아 와야 한다고. 그런데 보니까 서초는 이혜훈 의원이 계속하는 것 같고. 강남은 보니까 저하고 너무 안 맞는 거예요. (웃음) 거긴 정말 못 가겠더라고요.

그런데 그 전에, 송파의 진주 아파트를 예전에 놀러 가본 기억이 떠올랐어요. 너무 좋은 거예요. 한 4, 5년 전이었는데 평화의 문 앞에 벚꽃도 피고 그랬거든요. 나중에 나이 먹으면 여기 와서 살아야겠다. 평평하고, 길바닥에 껌 자국도 없고, 크락션 소리도 별로 없어요. 그 동네는. 그래서 '거기다. 그 동네로 가야겠다.' 해서 송파 갑이라 했죠. 그랬더니 유의동 의원이 놀라더라고요. '아, 형님. 어차피 거기 형님 안 줄 거긴 한데 그냥 써보세요.' 이러더라고요. 전 몰랐죠. 그때는 왜 그랬는지. 나중에 알고 보니까 거기는 이회창, 홍준표, 맹형규 이런 사람들만 주는 곳이었더라고요. 정말 아무것도 몰랐던 거죠. 그런데 인제 와서 돌이켜 보면 제가 정말 운이 좋았던 게, 저 같은 스타일의 정치인이 우리당에서 살아남을 수 있는 유일한 동네가 송파 갑인 것 같아요.

이쌍규 : 무슨 이유로?

김 웅 : 유권자를 믿을 수 있는 거죠.

이쌍규 : 다른 지역은 못 믿는다는 말입니까?

김 웅 : 다른 지역은 옛날 방식의 지역관리를 해야 하더라고요. 지역구에서 민원 들어오면 그거 해결해 줘야

하고, 조직관리라는 것도 해야 하고요. 그런데 저희 지역구는 그렇지 않아요. 민도民度 가 높다고 봐요. 민도가 높고, 민주주의의 소양이 있으시고, 자존심도 중요시하세요. 아까 그랬잖아요. 길바닥에 껌 자국도 없고, 크락션도 안 울린다고. 기본적으로 동네에 대한 애정이 있으시고 사는 곳에 대한 자부심도 높으신 거죠.

그래서 선거운동 할 때도 처음이라 모든 것이 힘들었지만, 적어도 다른 지역과 비교했을 때 유권자분들이 모욕을 주시거나 그런 건 없었어요. 심지어 우리 당이 강세인 TK에서도 명함을 주면 그걸 막 구기고, 던지고 가는 분들이 계신다고 하는데 송파는 거의 없었어요.

전혜인 : 선거 때 이야기를 해주셨는데, 그때로 돌아가서 '이건 내가 더 잘할 수 있었는데'하는 것이 있으실까요?

김 웅 : 조금 더 전략적으로 움직였어야 했어요. 제가 선거를 하면 지원을 받는 곳들이 있어요. 우리 층의 지지자들이 주로 몰리는 곳이죠. 그때는 그런 것도 모르고 다 다녔었는데, 어차피 제가 지지를 받는 곳은 좀 덜 다녔어도 되었던 거죠. 몇 군데가 있어요. 올

림픽공원이나 이런 데. 거기에 가면 기분이 좋고 힘이 나죠. 격려해 주시니까. 그런데 그분들은 어차피 저에게 표를 주시는 분들이고, 중간에 말이 없는 사람들. 그분들이 나의 당락을 결정하는 거예요. 오히려 저에 대한 반응이 없거나 좋지 않은 곳들, 출퇴근 시간대 전철역. 이런 데를 집중적으로 공략했어야죠.

전혜인 : 그러면 당선이 되셨을 때 기분은 혹시 어떠셨나요?

김 웅 : 사실, 처음에는 가뿐히 이기다가 3일 정도 남겨두고 뒤집혔다는 얘기를 들었어요. 민주당이 이기는 거로 나왔다는 거예요. 그래서 안 된다고 생각하고 있었는데, 상대 후보가 전략적인 실수를 해주는 덕에 어부지리로 당선이 되기는 했죠. 그런데 그때도 당선이 되었다는 기쁨보다도 두려움이 너무 컸어요. 우리 당이 너무 심하게 졌으니까. 저기는 180석이고, 우리는 110석인데 이거 완전히 망했다는 생각이 들었죠.

이쌍규 : 그때는 왜 그렇게 졌다고 생각하시나요?

김 웅 : 그때 당시 우리 당은 부끄러운 당이었어요. 안 그래도 탄핵 때부터 우리 당에 대한 불신이 남아있는 상태에서 좀 새롭고, 혁신적이고, 진취적인 사람들

을 전면에 내세웠어야 하는데 그러지 못했죠. 오히려 선거 국면에서 무슨 전광훈 부류의 사람들이 나와서 역사적인 사건들이나 5.18, 세월호같이 국민이 가슴 아파하는 일들을 후벼 파는 막말을 해버리고, 공천도 호떡 공천이라 할 정도로 급하게 대충해버리고, 누가 봐도 부자정당이라 할 정도로 말도 안 되는 공천을 했죠. 그래서 저쪽은 드루킹 사건도 터지고, 김경수 사건도 터지고, 안희정 사건도 터지고 그랬는데도 이길 수 있었던 거예요. 그만큼 우리 당이 부끄러운 당이었던 거죠.

Sorry Not Sorry[19]. (feat. 고발사주)

"세상 사람들이 뭐라고 해도 저는 똑같이 할 겁니다.
고발장이 들어오면 당에 전달할 것이고,
누가 전달했는지 이야기하지 않을 거예요."

이쌍규 : 이건 민감한 질문인데, 선거 때 논란이 있었던 사건이 고발사주[20]였잖아요. 이것에 대해서 해명할 것이 있으면 좀 해주십시오.

---

19 **Sorry, not sorry.** '미안하지 않아서 미안해'라는 의미

20 **고발사주 사건.** 김웅 의원(당시 미래통합당 후보)이 21대 총선을 앞둔 2020년 4월, 최강욱 더불어민주당 의원(당시 열린민주당 후보) 등 범여권 인사에 대한 고발장을 대검 수사 정보정책관이던 손준성 검사한테서 전달받아 미래통합당(현 국민의힘)에 전달한 혐의를 받아온 사건. 공수처는 김 의원이 범행 당시 공수처 수사 대상이 아닌 민간인 신분이어서 검찰로 사건을 이첩했고, 검찰은 손 검사와 김 의원 사이의 공모 관계가 입증되지 않는다고 밝혔다.

김 웅: 그거는 이제 '고발사주'라는 이름을 붙여놨는데, 이얘기를 드리고 싶어요. 어떤 정치인이 자기 당에 전달해 달라고 고발장을 받았을 때, 당에 전달하지 않을 수 있을까요? 그건 무슨 일이 있더라도 혹은 그 사람이 누구든지 간에, 당에 전달해야 하는 거예요. 그걸 전달해 줄 거라고 나를 믿고 준 사람에 대해서 내가 좀 어렵다고 전달을 안 합니까? 그건 도의적으로도 그렇지만 법적으로도 아무 문제가 없는 행위에요. 그러니까 공수처에 있는 공소심의위원회에서도 기소를 못 한다고 이야기했고, 검찰에서도 기소를 못 하는 거로 나왔죠. 저와 아무런 상관이 없는 문제인 거예요. 그런데도 계속 이거 가지고 저를 괴롭히는 이유는 누구한테서 고발장을 받았는지 이야기를 안 해서잖아요. 솔직히 나 혼자 편해지자고 하면 얘기하고 빠져나가면 그만이에요.

그때 사실, 고발장이 엄청나게 많이 들어왔어요. 그중에는 사실로 드러난 것도 많았고. 대장동 건도 그 전에 벌써 얘기를 많이 들었던 내용이에요. 이런 게 매일 들어온다고 보시면 돼요. 매일 들어오고, 저는 매일 전달하고. 그렇게 들어온 것 중에 이거 딱 하나만 기억을 하라고 하는 것도 말이 안 되는 거고. 설사 내가 만약에 기억을 한다고 하더라도 나 혼자 편해지자고 나를 믿고 제보해 준 사람을 팔 수는 없는 겁니다. 그건 예를 들어서 기자한테 '사건의 보도 경위가 뭐냐, 제보자를 밝혀라.'라고 요구하는 거랑 똑같다고 봐요. 취재원을 어떻게 밝혀요. 저는 정치인으로 있는 동안에는 정치인으로서의 그런 기본적인 모럴은 지켜야 한다고 생각합니다. 누가 뭐라고 해도 법적으로는 아무 문제 없는 거니까. 저를 이거로 공격하는 정치인들에게 반대로 물어보고 싶어요. '그러면 민주당 너네는 고발장 들어오면 전달 안 하냐? 전달할 때는 취재원 밝히고 전달하냐?'

이쌍규 : 그러면 왜 이게 문제가 되었다고 생각하시나요?

김 웅 : 목적이 정확해요. 윤석열(당시 검찰총장)을 여기에 끌어들이고 싶은 거예요. 윤석열을 끌어들이고 싶고, 그걸 가지고 빌드업을 해서 하나씩 하나씩 가

는 건데, 제 선에서 막은 거죠. 대통령이 말씀하신 것처럼 "The buck stops here."[21] 내가 내 선에서 막아야지 나 혼자 편해지자고 벗어나는 건 아니라고 봐요. 그래서 세상 사람들이 뭐라고 해도 저는 똑같이 할 겁니다. 고발장이 들어오면 당에 전달할 것이고, 누가 전달했는지는 이야기하지 않을 거예요. 그래서 그거에 대해서 단 한 번도 사과해 본 적이 없어요. 이런 일로 국민 여러분께 심려를 끼쳐서 죄송하다고 했지, 이런 잘못을 해서 죄송하다고 한 적은 없어요.

이쌍규 : 그러면 그 고발장을 김웅 의원만 받은 겁니까?

김 웅 : 그건 모르죠. 솔직히 처음에 그 이야기를 기자가 물었을 때 장면을 보면 제가 전혀 기억을 못 해요. '그런 게 있었나?' 그래서 저도 그 고발장을 내가 쓴 거라고 생각을 했었어요. 왜냐하면, 그 비슷한 걸 써서 보낸 게 있어서 그걸 얘기하는가 보다 했고요. 그리고 그거를 누구한테 전달했는지조차 기억을 못 했어요. 그런데 저보고 내가 누구한테 받아서 누구한테 줬는지를 기억해 내라고 하는 거잖아요.

---

21 **The buck stops here.** "모든 책임은 나에게 있다." 혹은 "모든 책임은 여기서 멈춘다"라는 뜻으로 미국의 제33대 대통령인 해리 S. 트루먼이 고별연설에서 한 말을 윤석열 대통령이 한 방송 프로그램에서 인용한 바 있다.

일단 내가 누구한테 줬는지도 기억이 안 나는데, 누구한테 받았는지를 기억하라고 하면 그건 법정에 가서도 진술을 인정 안 해줘요. 예를 들어서 제가 'A한테서 고발장을 받았다.'라고 진술하면 A 변호인이 나서서 '너는 조성은[22]에게 보낸 것도 기억을 못 하지 않았느냐. 근데 이걸 기억해낸다고? 거짓말이지?'라고 공격이 들어올 수밖에 없겠죠. 심지어 제 기억들이 조작되거나 영향을 받은 것일 수도 있는 거예요. 결국, 법률적으로 보나 정치적 도의로 보나 A가 누구인지 밝히지 않는 것이 맞는 거죠.

22 **고발사주 사건의 최초 제보자.** 조성은은 2020년 4월 3일부터 8일까지 김웅 의원이 텔레그램을 통해 자신에게 약 100건 정도의 이미지 파일을 전송했고, 거기에 문제의 고발장 두 건이 포함되어 있다고 제보했다.

정치인이 되면 달라지는 것들

"우리는 법이 모든 것을 해결해 주고
세상을 좋게 만들 거로 생각하는데,
법이 많아서 세상 문제가 해결된 예는 없어요.
오히려 법 없이도 살 사람들을
더 힘들게 만드는 경우가 많죠."

이쌍규 : 야당 초선의원으로서 국회에 처음 입성했을 때, 생각했던 거랑 가장 다른 점은 무엇이었나요?

김 웅 : 와서 보니까 국회의원 한 명이 크게 할 수 있는 게 별로 없더라고요. 그리고 이제 법안을 내고 해도 이게 당론이나 이런 게 뒷받침이 안 되면 어떤 내용의 법안을 가져가도 통과되기 어렵죠. 저 한 사람이 세상을 크게 바꾸고 그러지는 못해요. 그런데 함께 열심히 하면 소소한 변화를 이루어 낼 수는 있겠다 생

각보다 많은 변화를 이루어낼 수 있겠다는 생각이 들었죠.

전혜인 : 그러면 국회의원이 되고 나서 가장 크게 달라진 건 뭐가 있을까요?

김 웅 : 일단 사람들이 알아봐요. 그게 되게 불편해요. 이런 걸 즐기는 사람도 있겠지만 저는 혼자 공원 같은 곳에서 산책하는 걸 좋아하거든요. 그런데 사람들이 인사하고. 또 식당 같은 데 가면 같이 술 마셔줘야 할 것 같고. 이게 또 안 마시면 안 되더라고요. 제가 검사 시절에도 마시지 않던 술을 정치하면서 마시기 시작했다니까요.

이쌍규 : 법을 가지고 수사를 하던 입장에서 법을 만드는 처지가 되었는데 법을 바라보는 시선에는 변화가 있었나요?

김 웅 : 그건 똑같아요. 모든 풀에는 독소가 있다고 그러잖아요. 마찬가지로 우리는 법이 모든 것을 해결해 주고 세상을 좋게 만들 거로 생각하는데, 법이 많아서 세상 문제가 해결된 예는 없어요. 오히려 법 없이도 살 사람들을 더 힘들게 만드는 경우가 많죠. 예를 들어 정인이 사건 같은 것이 터지잖아요? 그러면 국회의원들 하는 짓이 똑같아요. '이런 짓을 하

는 자는 극형에 처하겠다. 법정에 무조건 올려서 처벌하겠다.' 처벌 위주인 거죠. 그거 해놓고 나서 '정인이 법'[23]을 통과시켰으니 '정의가 살아있다' 이런 감성적인 얘기나 하고 말아버리는 거죠. 하지만 그 법이 효과가 있다고 말하려면 그 뒤에 같은 사건이 발생하지 말아야 하는 거잖아요. 그런데 계속 발생해요. 그러니까 원인이 무엇인지 고민해서 문제를 해결하는 방식으로 접근하는 것이 아니고, 의원들이 자기 실적으로 생각하는 거죠. 우리나라는 미국이나 영국, 일본과 비교해서 10배, 20배 더 많은 법을 통과시키고 있어요. 그러면 우리나라가 이미 너무나도 좋은 세상이 되어있어야 할 거 아니에요? 어떤 문제가 해결되었죠? 저출산 문제가 해결돼야 할 것이고, 자살 문제가 해결돼야 할 것이고... 그런데 하나도 해결이 안 되죠.

---

23 **정인이 법.** 2020년 10월 13일 발생한 '정인이 사건'을 계기로 국회를 통과한 아동학대 범죄 처벌 특례법 개정안을 의미한다. 정인이 사건은 생후 16개월 된 입양딸 정인이를 양부모가 학대 끝에 숨지게 한 사건으로 당시 국민적 공분을 샀다. 정인이 법을 통해 아동학대 치사죄가 적용되면 무기 또는 5년 이상이 징역에 처하고 집행유예가 불가능하게 되었고, 신고 의무자 범위의 확대, 학대 행위자에 대한 친권 제한·정지, 임시후견인의 지정 등의 규정이 생겼다. 다만, 아동을 보호하기 위한 전문 인력과 예산 확대는 이루어지지 않았으며, 아동보호전문기관, 경찰, 지자체, 응급의료기관의 유기적 협력/지휘체계도 규정되어 있지 않아 정작 현장에서는 법 적용에 어려움을 겪는다는 지적이 있다.

또 이런 게 있어요. 매번 법을 만드는데, 새로운 법을 만들고 나면 거기에 무조건 처벌 조항을 집어넣어요. 그러면 국가기관, 즉 행정부가 새로운 권한을 갖게 되는 거죠. 인허가권이라든지, 어떻게든 개입할 수 있게 되죠. 그러면 어떻게 되냐? 국민의 자유는 줄어들고, 국가는 점점 세지는 거예요. 그래서 저는 그런 얘기를 해요. 제가 아마 법안에 대한 반대를 제일 많이 한 국회의원일 거예요. 법안에 반대하는 이유가 뭐냐면 지금 이 시기에 저는 국회의원의 역할이 법을 만드는 것이 아니라 법을 막는 것이어야 한다고 생각해요. 법을 남발하니까 사람들이 법이 뭔지 모르게 됐어요. 법에 뭐가 걸리는지, 안 걸리는지, 인허가 대상이 되는지, 안 되는지. 뭐든 국가로부터 허락받아야 하고. 도대체 안전 이야기만 나오면 그때부터 국가기관이 무조건 세지는 거예요. 그러다 보면 나중에는 모든 사람에게 CCTV도 달아야 하고, 모든 사람에게 칩을 박아야 할 거예요. 안전, 안보. 개인의 자유를 침해하는 모든 악법은 다 '안전'이라는 단어가 들어가요. 히틀러도 그랬죠. 지금 그런 법이 굉장히 많이 늘어나고 있습니다.

전혜인 : 처벌 위주로 가면 안 된다는 거군요.

김 웅 : 그럼요. 법을 가지고 모든 문제를 해결하려고 그러면 안 돼요. 특히, 처벌 조항을 통해서 해결하려고 하는 것은 아무 의미도 없는 거고요. 왜냐. 정인이 법을 예로 들어줄게요. 아동학대를 하는 사람이 아동학대를 할 때 그전에는 징역 7년 이하였는데 이제부터 아동학대를 하면 징역 10년 이상이 되었으니 안 해야겠다. 이렇게 생각하는 사람이 어디 있어요? 15년이 됐든, 25년이 됐든. 의미가 있을까요? 그때 당시에는 굉장히 감정적으로 일어나서 법이 그렇게 된 거예요.

정인이 사건이 발생하지 않도록 할 수 있는 여러 가지 단계들이 있었어요. 거기에 대해서는 아무런 조치를 하지 않았어요. 예를 들면, 정인이 같은 경우에 정인이를 살릴 수 있었던 순간들이 있었어요. 경찰에 신고를 세 번인가 했었어요. 그 세 번에 대해서 그게 왜 잘못됐느냐, 그걸 왜 점검하지 못했냐는 문제를 제기하지 않고 처벌 조항만 냅다 높인 거죠. 정인이 사건이 발생하지 않도록 할 수 있는 여러 가지 단계들이 있었어요. 하지만 거기에 대해서는 아무런 조치를 하지 않았어요. 예방할 생각은 안 하고 국회의원들이라는 게 무조건 사후약방문식으로 엄벌을 하겠다고 해요. 사람들이 봤을 때 기분은 좋겠죠. 하지만 그게 또 다른 정인이를 막아냈느냐? 아니라는 거죠.

야당 초선의원 김웅

"국회가 전쟁터인데 무슨 여기 와서 자기하고 나하고 만나서 알콩달콩할 필요가 뭐가 있나요?"

전혜인 : 이제 민주당발 검찰 개혁의 부당성을 알리기 위해서 법사위(법제사법위원회)로 갈 거라는 예상과는 다르게 환노위(환경노동위원회)로 배정이 되셨는데, 본인이 선택해서 간 건가요?

김 웅 : 네.

전혜인 : 이유가 혹시?

김 웅 : 법사위는 그때 당시에 실제로 할 수 있는 게 아무것도 없었어요. 수사권조정을 되돌릴 수도 없었고, 기본적으로 국민이 그 법으로 인해서 얼마나 많은

사람이 피해를 보는지를 알게 된 이후에야 그걸 바꿀 수 있다고 생각했어요. 거기 가면 개인적으로 인기는 얻을 수 있었겠죠. 검사 출신이니까 말도 세게 하고, 전국적인 인지도를 높일 수 있겠지만 저는 그것보다 우리 당에 필요한 것을 해야겠다고 생각했어요. 그게 뭐냐면 우리 당은 노동자, 복지, 환경에는 관심이 없다는 이미지를 깨는 거예요. 그 이미지를 깨고 싶었고, 특히 우리 당 안에 있는 노조 혐오 같은 것들을 깨부수고 싶었어요. 그래서 당연히 이게 훨씬 도움이 되고, 저 자신도 '검사 출신'이라는 딱지를 떼고 싶었어요. 근데 법사위를 가면 그게 더 심해질 것으로 생각했고요. 제가 늘 말씀드리지만, 세상을 바꿀 수 있는 것은 무슨 검찰을 어떻게 만들고 이런 게 아니에요. 중요한 것은 결국 '노동과 복지'라고 보거든요. 그래서 환경노동위를 갔고, 그다음에 또 다른 곳을 지망해서 가고 싶었는데, 제가 극소수다 보니까 행안위(행정안전위원회)로 보내더라고요. 가라면 또 가는 거죠 뭐.

전혜인 : 그러면 야당 초선의원으로서 가장 중점적으로 추진하신 일이 뭔가요?

김 웅: 우리가 야당이었을 때 할 수 있는 건 뭐냐면, 당시, 여당이 뭉개버린 비리 사건들이 꽤 많았어요. 그 사건들을 계속 이슈화시키는 걸 주로 했죠. 예를 들면, 필리버스터를 하자고 제일 먼저 제안한 것도 저였고, 청와대 앞에서 릴레이 시위를 하자고 한 것도 저였어요. 초선 의원들을 가지고 단체와 조직을 만들고 공부 모임을 만들자는 거도 했죠. 울산 선거개입사건이나, 드루킹 사건, 블랙리스트 사건 등등, 그러니까 문재인 정부가 보였던 어떤 내로남불[24]이나 국가 권력을 이용해서 헌법 질서를 어지르는 것들에 대해서 좀 싸웠었죠. 야당 의원이 하는 게 다 그런 거예요.

그리고 법안으로는 〈정보 경찰 폐지법〉을 냈었어요. 사실, 지금 사람들이 잘 모르고 있는 것 중 하나가 뭐냐면 대한민국에 정보 경찰이 존재한다는 거예요. 경찰이 정보를 취급하는 나라는 거의 없습니다. 그건 옛날 나치독일 때 만들어진 거예요. 그게 일본으로 넘어가서 일본이 자기의 본토에 적용한 것이 아니라, 식민지 통치하기 편하려고 고등계

---

24 **내로남불.** '내가 하면 로맨스, 남이 하면 불륜'의 줄임말. 같은 상황, 행위에 대해서 자신이 했을 땐 옳은 일을 한 것이고 남이 했을 때는 잘못한 것이라며 상대의 잘못만 들춰내려 하는 이중 잣대를 말한다.

高等係라는 것을 만들어 냈죠. 그게 정보 경찰의 시초에요. 그래서 보시면 알겠지만, 독립운동가 잡아서 고문하고 그랬던 사람들이 다 그 고등계들이에요. 그 기능을 이제 안기부가 가지고 있다가 지금의 경찰로 넘어간 건데 우리 국민에게 도움이 되는 예는 없어요.

정보 경찰 자신도 이야기하듯이 97%가 정권에서 요구하는 자료 뒷조사해 주는 일을 해요. 실제로 범죄 정보를 얻는 것은, 전체에서 3%가 안 돼요. 간단히 말하면 김웅에 대해 뒤를 다 캐고 난 다음에 김웅 계속 저런 식으로 정권에 대해서 들이받으면 그거 가지고 언론에 흘리고, 수사받게 하고 그런 거죠. 그래서 그 〈정보 경찰 폐지법〉을 냈는데 안 되더라고요.

정보경찰 폐지법

전국에 3~4000여명에 달하는 정보경찰을 폐지하고 정원 300명 이내의 가칭 '국가안전정보처'를 설립하자는 게 주된 내용으로 ▲기존에 경찰이 수행하던 '공공안녕·범죄예방 대응' 관련 정보 사무를 국무총리 소속 '국가안전정보처'가 수행하도록 할 것 ▲국가안전정보처의 직원의 정원은 300명 이내에서 대통령령으로 정하도록 할 것 ▲정치관여 금지 및 비밀누설 금지 의무 위반에 대한 벌칙 조항을 둘 것 등을 골자로 한다.

김웅 의원이 2021년 7월 16일 대표 발의한 『국가안전정보처 설치 및 운영에 관한 법률안』, 『정부조직법 일부개정법률안』, 『경찰관 직무집행법 일부개정법률안』, 『국가경찰과 자치경찰의 조직 및 운영에 관한 법률 일부개정법률안』, 『국회법 일부개정법률안』, 『해양경찰법 일부개정법률안』, 『인사청문회법 일부개정법률안』, 『경찰공무원법 일부개정법률안』 등 8개 법안을 통해 이루어지도록 설계가 되어 있다.

김웅 의원은 "정보경찰은 나치 정권의 게슈타포(비밀

국가경찰) 조직과 비견돼 왔고 야당 때는 늘 정보경찰 폐지를 공약으로 내세우나 권력을 잡으면 돌변해 정권의 통치수단으로 악용해왔다"며 이 같은 법안 시리즈를 발의했다.

법안의 제안이유는 다음과 같이 적고 있다.

"우리나라 경찰은 민주국가에서 유례를 찾기 어려운 중앙집권적 단일조직의 국가경찰체제를 바탕으로 치안·정보·보안·경비·교통 등을 독점하고 있음. 또한 우리나라 경찰은 독점적인 국내정보 수집권을 가지고 있는데 이는 세계적으로 그 유례가 없는 것으로 일제 경찰사법의 잔재라는 지적이 있음. 또한 우리나라 정보경찰은 현행 「국가경찰과 자치경찰의 조직 및 운영에 관한 법률」 및 「경찰관 직무집행법」상 '공공안녕에 대한 위험의 예방과 대응을 위한 정보의 수집·작성 및 배포'라는 직무규정을 바탕으로 다양한 정보경찰업무를 수행하고 있으나, 정보경찰이 실제로 수집하고 있는 정책정보 및 치안정보는 범죄의 수사 또는 국민 안전 보장을 위한 정보라고 보기 어려운 불필요한 정보들이 대부분임."

지난 2018년 7월 경찰청 정보2과의 '업무보고' 문건에 따르면, 정보경찰은 문재인 정부 출범 이후 약 14개월 간 '인사검증' 명목으로 4,312건의 사찰을 했다. 김 의원은 "정보국 외근 정보관들의 전체 업무 중 '범죄첩보' 작성은 1.3%에 불과해 정보경찰이 범죄 수사나 국민 안전 등 본연의 기능과는 무관한 정보의 수집에 대부분 악용됐다"고 주장했다.

정보경찰을 통한 권력 오·남용 문제는 진영을 가리지 않고 오랫동안 지적되어왔다.

▲ 2003년 한국경찰법학회(당시 회장 조국 교수)에서 박병욱 교수는 발표문 '독일 나찌시대 제국안전중앙청의 긴 그림자'에서 아래와 같이 지적했다.

"일제강점기 당시 친일경찰의 정보사찰기구로서 고등경찰이 있었는데 독일 제국안전중앙청 내 비밀경찰 게슈타포와 마찬가지로 피지배 한국인을 억압하기 위한 도구로 사용되었다. 아쉽게도 광복 이후에도 건국 경찰은 이러한 일제경찰의 직제를 그대로 이어받아 현재 경찰 내부에도 수사, 보안, 교통, 경비, 생활안전기능과 같은 집행경찰과는 별도로 정보과(경찰청 이상의 조직단위에서는 정보국)가 존재하고 있는 실정이다."

▲ 오병두 홍익대 교수는 "독일은 나치 비밀경찰인 게슈타포에 대한 반성의 결과 정보기관과 수사기관이 조직상 완전 분리되어야 한다는 원칙을 유지하고 있다. 정보와 수사가 분리되지 않을 경우, 정보 수집 단계부터 개인을 특정하고 기본권을 침해하는 등 일탈이 생길 수밖에 없다."고 지적하였다.

▲ 임지봉 서강대 법학전문대학원 교수는 "정보경찰 축소나 폐지가 검경수사권 조정의 전제가 돼야 한다. 현 상태로라면 경찰이 무소불위의 권력이 될 수 있다. 정보경찰의 정책정보 수집은 국무조정실, 각 부처로 이관하고 인사정보 수집은 청와대 국정상황실이나 인사혁신처, 각 부처 감찰부나 감사원 등으로 이관해야 한다"고 주장했다.

▲ 참여연대 공익법센터는 "정책 정보를 경찰이 수집할 필요가 없다. 정책 정보를 경찰이 공급하게 되면 모든 정책이 경찰의 입맛에 따라 결정될 수밖에 없다. 그것 또한 경찰의 정치 개입일 수 있다"라고 했다.

▲ 조응천 더불어민주당 의원은 "경찰에 1차 수사권을 줄 경우, 국내정보 업무는 경찰이 아닌 다른 기관으로

로 분리시켜야 한다"고 주장했다. 오병두 홍익대 교수는 "독일은 나치 비밀경찰인 게슈타포에 대한 반성의 결과 정보기관과 수사기관이 조직상 완전 분리되어야 한다는 원칙을 유지하고 있다"며 "정보와 수사가 분리되지 않을 경우 정보 수집 단계부터 개인을 특정하고 기본권을 침해하는 등 일탈이 생길 수밖에 없다"고 설명했다.

2019년 9월 경실련, 참여연대 등 11개 시민단체가 모여 「정보경찰폐지인권시민사회네트워크」를 발족하였고, 문재인 정권 하의 경찰개혁위원회도 정보국 폐지를 추진한 바 있다.

김웅 의원은 "정보경찰은 세월호 유가족 미행, 울산시장 선거개입 사건 등 매번 사찰 논란의 중심에 있었다." 고 지적하면서, "일제 고등계의 유물인 정보경찰을 폐지하여 친일을 청산하고, 권력기관의 분산을 통한 국민의 자유 보장을 위해 반드시 법 통과가 필요하다."고 덧붙였다. 참고로 법안은 아직 계류 중이다.

한편, 문재인 정부가 검·경수사권 조정, 검찰·경찰·국정원 개편을 추진하는 과정에서 경찰은 1차 수사종결권과 국정원의 대공수사권을 가진 메머드 기관이 되었다. 현재 비대화된 경찰권한을 실효적으로 통제할 장치가 없어 경제적·사회적 약자의 기본권 보호 약화에 대한 우려가 현실화되고 있다.

정보경찰의 폐해는 이태원 참사 때도 드러났다.

경찰청 정보국은 이태원 참사 다음날 관련 정책 참고자료를 만들어 관계기관에 배포했다. 정책 참고자료에는 ▲진보 성향 시민단체의 정부 압박계획 ▲여성 사망자를 근거로 여성단체연합의 반여성정책 비판 활용 방안 검토 ▲SNS 등 진보 커뮤니티 내 정권 퇴진운동 가능성 등의 내용을 담고 있어 논란이 됐다. 그러면서 의회가 요구하는 자료는 전달하지 않고 오히려 폐기하고 은폐하는 행동을 보였다.

국회 행안위 '이태원 참사' 현안질의
(2022년 11월 7일)

김웅: 그런데 장관님, 헌법 34조에 보면 국가가 위험으로부터 국민을 보호하는 의무 규정이 분명히 했습니다. 아시죠? 장관님, 헌법은 법이 아닙니까?

이상민: 근간이 되는 법입니다.

김웅: 규범력이 없습니까? 헌법이? 주최자가 없다고 국가는 법적 책무가 없다, 이런 말이 나오니까 이런 참사가 자꾸 반복되는 거라고 저는 생각을 합니다.

우리나라 헌법 제 7조를 보면 공무원은 국민 전체에 대한 봉사자이며 국민에 대해서 책임을 진다고 분명히 규정을 하고 있습니다. 국민에 대해서 책임을 지지 않으면 그건 공무원이 아니고 그냥 탐관오리입니다.

그리고 또 사회 일각에서 놀러 가서 죽은 것에 대해서 왜 나라가 책임지느냐, 이런 말까지 나오고 있는데. 장관님, 놀러 간 사람은 국민 아닙니까?

이상민: 똑같은 보호를 받아야 한다고 생각합니다.

김웅: 놀러 가면 대한민국 국민이 도미니카공화국 국민 되는 겁니까? 아니죠. 그리고 우리나라 사회는 그렇다면 일하다가 죽으면 그러면 국민 대접도 제대로 해 줬었느냐. 거기에 대해서도 산업재해로 노동자가 죽었을 때 우리 사회는 그동안 어떻게 했습니까? 그 노동자 과실 있네 없네 잘못 찾기에 급급했던 것이 우리나라 사회입니다. 일하다 죽어도 자기 책임이고 놀다 죽어도 자기 책임이면 도대체 국가는 왜 존재합니까? 세금은 왜 걷고. 이런 인식이 계속 있는 한 저는 대한민국에서 이런 대형 참사는 반복될 수밖에 없다고 생각합니다.

장관님 그리고 맥락 전체를 따지고 보면 사실 전혀 그런 뜻은 아니었지만, 경찰력 증원으로 해결될 수 있는 사고가 아니었다, 이 말만 따로 떼어놓고 보면 지금 이뤄지고 있는 수사나 감찰에 가이드라인이 될 수도 있는 그런 문제가 있습니다.

지난 현안 보고 때 이 부분에 대해서 정식으로 사과하셨는데 핼러윈 참사의 진상규명에 대해서 장관님의 이 발언은 의미가 없는 것이고 이런 의견에 구애돼서는 안 된다고 생각하시죠?

이상민: 당연한 말씀입니다. 바로 다음 날 제가 한 말인데 보고받은 바도 없고 그런 상황에서 드린 말씀입니다.

김웅: 알겠습니다. 경찰청장님. 혹시 이거 기억 나십니까? 이게 뭐냐 하면 8월 8일 날 인사청문회 때 배포했던 자료입니다. 이 자료 보시면 가장 큰 볼드체로 쓰여진 게 이렇게 돼 있습니다. 무엇보다 국민의 안전을 든든하게 지켜내고. 그 뒤에 보면 안전이라는 이야기를 상당히 많이 강조를 하고 계셨습니다.

이 모두발언이 무색한 일이 벌어졌죠. 그래서 저는 이번 참사에 대해서 경찰이 제대로 진상규명을 할 수 있는지에 대해서 국민들이 가지고 있는 의문점에 대해서 말씀을 드리겠습니다. 본 의원실에서 10월 31일 13시 29분에 핼러윈 참사 당시 112 신고별 녹취록을 제출해 달라고 요구한 바가 있습니다.

이게 바로 그 자료입니다. 그런데 현재까지 이 자료는 의원실에 제출된 바가 없습니다. 아까 모두발언에서 야당 의원이라고 이런 자료들이 제출이 되지 않는다 이런 이야기가 나왔는데 민주당을 비롯하여 야당 의원들께서 특별히 분노하실 지점은 아닌 것 같습니다. 왜냐하면 저희 당도 지금 대부분 자료를 못 받고 있습니다. 경찰은 이렇게 국회의 요구 자료도 가볍게 무시할 정도로 무소불위의 공룡이 돼 있는 것입니다. 이렇게 공룡이 되게 된 데는 민주당에도 큰 책임이 있다는 부분에 대해서 우리 민주당 의원님들께서도 부인하기는 어려우실 것이라고 생각합니다.

결국 이 자료는 국회의 요구에는 불응하고 언론에 먼저 공개가 되었습니다. 공개를 하면서 대통령의 의지로 공개되었다라고 이렇게 대대적으로 보도가 났었습니다. 청장님, 그러면 대통령이 결단 안 하셨으면 이 신고 내역 공개 안 하셨겠네요? 맞습니까?

윤희근 / 경찰청장(이하 윤희근): 그렇지 않습니다.

김웅: 그러면 왜 국회 자료 제출 요구는 불응했습니까?

윤희근: 지금 자료제출을 언제 요구하신 건지 앞뒤 선후 관계를.

김웅: 제가 아까 말씀드렸잖아요. 10월 31일 13시경. 구체적으로 말씀드렸는데 이게 안 나왔습니다. 그리고 이거를 엠바고 걸어서 언론에 먼저 터뜨렸죠. 은폐하려

고 한 게 아니라고 지금 이야기를 하시는데 그런데 용산서 정보과장은 이번 참사 관련해서 보고서 폐기했지 않습니까?

그렇죠? 이런 사고가 터지면 원인 규명하는 게 가장 중요하다는 것은 삼척동자도 알 만한 일인데. 용산서 정보과장은 삼척동자도 못 되는 겁니까? 이 문건 부랴부랴 폐기가 되었습니다.

윤희근: 말씀하신 녹취록은 저희가 여건 야건 관계없이 다 29일 신고 전후 녹취록은 다 공개를 했고요.

김웅: 아니, 공개 말고 자료 제출 요구에 저희는 받은 바가 없습니다. 그뿐만 아니라 대부분의 자료는 의원실에 오지 않았고 일부 의원실에만 제한적으로 공개가 되었습니다. 확인을 해보십시오.

윤희근: 그 부분은 제가 확인해 보겠습니다.

김웅: 그리고 지금 보시면 아시다시피 이렇게 자료들이 실제로 삭제가 되고 일부는 자료 제출 요구가 안 이루어지고 있는데 이게 자꾸 은폐가 아니다라고 이야기를 하니까 저희는 참 이해하기 어려운 거죠. 그리고 지금 보

시면 알겠지만, 이 문건에 대해서도 용산서에서 핼러윈에 대비해서 경력 증원이 필요하다는 내용이었다고 얘기하고 있는데. 그럴 내용이면 도대체 용산서 정보 과장이 그 자료를 왜 삭제합니까?

윤희근: 그 부분은 수사를 통해서 확인이 될 거고요.

(중략)

전혜인 : 문재인 정권의 내로남불과 싸웠다고 하셨는데, 문재인 정권의 가장 큰 문제점은 뭐라고 생각하세요?

김 웅 : 이런저런 이야기를 다양하게 할 수 있겠지만… 국민에게 공정하겠다, 그리고 적폐를 청산하겠다고 이야기를 했는데 자기들도 똑같은 일을 한 것이라고 봐요. 정말 많은 국민이 촛불혁명을 통해서 다시 한번 정치에 관심을 두고, 정치를 통해 뭔가 세상을 바꿔볼 수도 있겠다는 열망이 있었는데 그게 식어버렸죠. 그러면서 지금은 그 내로남불을 인정할

수 없는 사람들이 개딸[25]로 가고 극단적인 진영논리에 나라를 빠뜨렸어요. 지금 우리 정치를 보시면 알겠지만 무슨 정책이나 이념 가지고 싸우는 게 하나도 없어요. 예를 들면 이런 거예요. 어떤 커뮤니티 같은 데를 봤을 때, '야 국힘 의원이 돈 봉투 보냈단다' 그러면 '이런 나쁜 놈들! 죽일 놈들!' 이랬는데, 그 뒤에 '국힘이 아니고, 민주당이래' 이러면 '야, 그건 관행적으로 이루어졌던 건데 그걸 이런 식으로 하면 어떻게 하냐?' 옳고 그름이 이제 완전히 사라져버리게 된 거죠.

그래서 제가 정치를 스펙터클spectacle로 만들어 낸 가장 큰 원흉이 문재인 정부라 생각하는 거예요. 쇼나 이런 것들을 통해서 정치라는 것 자체가 일시적으로 선호되는 오락물로 만들어 냈으니까요. 그걸 가지고 사람들을 끌어당겼고, 계속 그런 식으로 정치가 소비되게끔 했죠. 이쪽이나 저쪽이나 지금은 똑같은 방식으로 싸우고 있어요. 과거에 상대방이 했던 걸 그대로 가지고 와서 텍스트만 바꿔서 공

25 **개딸.** 원래 응답하라 시리즈에서 '성격이 괴팍하고 성깔 있는 딸'을 의미하는 단어로 사용되었으나, 제20대 대통령 선거 당시 더불어민주당 극성 지지층에서 이 단어가 재해석 되어 이재명 후보를 지지하는 젊은 여성층을 대표하는 말로 쓰이고 있다. 각종 시사 프로그램에서는 '개 같은 딸'이 아닌 '개혁의 딸'로 소개가 되고 있는데, 공중파 방송에서 '개 같은 딸'이라고 대놓고 소개하기는 어렵기 때문이다.

격하는 그런 형태가 이루어진 거죠.

이쌍규 : 그 원인을 제공한 것이 문재인 정부라는 거죠? 그러면 그 출발점이 무엇이냐에 대한 견해는 좀 다를 수 있을 것 같은데, 조국 사태가...

김 웅 : 제일 크죠.

이쌍규 : 제일 큰가요? 조국 사태의 본질이 뭡니까?

김 웅 : 조국 사태의 본질이라는 거는 "당신이 옹호하고 있는 짓을 반대로 국민의힘 사람이 똑같이 했어. 그러면 똑같이 옹호할 수 있느냐?" 그게 무너진 거죠, 조국 때. 그때부터 옳고 그름의 문제가 아니게 된 거예요. 잘못된 건 그냥 그 자체로 잘못된 건데, 사실관계를 가지고 이야기하는 사람은 별로 없었어요. 조국이 그런 행위들을 한 것은 맞지만 그 당시 그 사람들 사이에서는 누구나 했던 거야. 그리고 이거는 검찰개혁을 방해하기 위한 술책이야. 그걸 마치 음원으로 만들어서 계속 틀어댄 거죠. 만약 조국이 했던 일을 우리 당에서 했으면 그 사람들이 뭐라고 했을까요?

더 큰 문제는 이게 위선의 영역에서만 끝나는 것이 아니라 교조적으로 이어졌다는 거예요. 믿음의 영역이 된 거죠. 믿음의 영역이 되면서 그것이 당에 대한 어떤 충성심을 판단하는 기준이 되고, 그때부터 양당 안에서 수평적 적대감[26]이 심해진 겁니다. 같은 그룹 안에서 논리의 오류를 지적하면 그걸 고치는 것이 아니고 같은 그룹 안의 극단 세력들 공격을 받기 시작하는 거예요. 우리 당 안에서도 보면 똑같은 거죠. 유승민에 대해서 왜 욕을 하느냐. 왜 태극기에 대해서 더 욕을 하느냐. 이런 게 그 수평적 적대감의 가장 큰 사례인 거죠. 자기들이 극단적이기 때문에 그 조직 안에서 비교적 온건한 사람들에 대해 가장 분노가 심하게 일어나게 되는 거예요.

그런데, 이게 양당에서 지난 문재인 정권 동안 엄청나게 심화했어요. 대통령이라는 사람이 이런 것들을 막아주는 역할은 하지 않고 극단적인 비난들이나 폭력에 대해서도 '이건 양념에 불과하다'라고 이야기했고 그 뒤에 일어났던 사건들, 어떻게 도저히 불공정하지 않다고 이야기할 수 없는 사건들에 대해서도 그냥 조직 논리로, 진영논리로 다 커버를 쳐버린 거예요. 그러니까 극단적인 집단들이 더 날뛰게 되고 진영논리는 더 공고해지고 본인은 그걸

---

26 **수평적 적대감**. 공동의 목표를 가진 집단에서 과격한 집단이 나머지 집단을 배신자로 여기면서 경멸함으로써 분열이 발생하는 것.

로 이득을 봤을지 모르지만, 대한민국 정치를 망치는 길로 몰아넣었죠. 알고 그랬으면 정말 나쁜 거고, 모르고 그랬으면 무능한 거고.

이쌍규 : 일부에서는 대통령의 인사권에 검찰이 개입했다고 보는 예도 있잖아요.

김 웅 : 그때의 상황을 다시 한번 복기해 보시면, '과연 누가 인사권을 침해했는가?'에 대한 실마리를 찾을 수 있습니다. 처음에 대통령이 조국 사건이 터지고 나섰을 때 거의 장관 임명을 포기했었어요. 그러고서 조국을 독대했죠. 30분인가 40분을 독대하고 그다음에 인사를 강행한 거로 나옵니다. 그러면 이 독대를 통해서 대통령의 생각이 바뀌었다고 볼 수 있죠. 그러면 과연 대통령의 인사권에 개입한 사람이 검찰인 건지 아니면 그 독대를 했던 사람인 건지 이건 누가 봐도 명백하지 않습니까?

그리고 대통령의 인사권을 침해해서 분노한 것이라고 한다면 그 뒤에 민정수석이 한 명 들어갔어요. 그 사람이 들어가서 뭐라고 그랬나요? 장관이 검찰, 경찰 인사를 마음대로 하고 대통령을 패싱[27] 했

27 박범계 당시 법무부 장관이 신현수 청와대 민정수석과의 조율 없이 인사를 감행한 사건.

다는 거예요. 그걸 막아내기 위해서 싸웠는데 결국 은 민정수석이 날아갔어요. 이건 분명한 대통령 인사권에 대한 도전도 아니에요, 완전한 무시와 침해인데 거기에 대해서는 왜 분노를 안 하죠? 어디까지나 핑계인 거예요.

이쌍규 : 수평적 적대감이라는 것이 조국을 계기로 형성이 되었고, 기존에 있던 가치들이 허물어졌다?

김 웅 : 그런데 그 전부터 시작되었던 것 같아요. 예를 들면, 저도 블랙리스트 사건이나 이런 걸 봤었을 때, 이 사람들이 자기들이 이런 말을 했다고 해서 박근혜를 쫓아내 놓고 자기들이 더 하는 거예요. 점령군처럼 들어와서 임명직 규모를 늘려놓고 이른바 '촛불정신'을 내세웠어요. 그 전 정권 때 임명된 사람들은 모두 촛불 정신에 어긋나기 때문에 나가야 한다고 내쫓고. 안 나가면 밑에 있는 사람들까지 다 감찰해서 죽이겠다고 하니 나갈 수밖에 없죠.

이쌍규 : 조국 교수하고는 개인적인 인연이 있습니까?

김 웅 : 개인적으로는 몇 번 만나서 이야기를 했죠. 그리고 한 번은 청와대로 부르더라고요. 무슨 회의라고 해서 불렀는데, 제가 들어갈 이유가 전혀 없는 회의였어요. 제가 형사정책단장으로 있을 때인데, 주제 자

체가 형사 정책하고 전혀 관련이 없더라고요. 말도 안 되는 거죠. 거기서 갑자기 저보고 국회에 다니면서 수사권 조정 반대하는 문건을 단장님이 만드셨냐고 묻더라고요. 그래서 저는 '모든 문건은 다 제가 만듭니다.'라고 했더니 '정부에서 하는 일에 반대하지 마세요.' 그러더라고요. 일종의 위협 내지는 협박이죠. 그래서 저도 '아니, 나는 형사정책단장인데 형사정책단이 하는 일은 국민한테 불리한 형사사법제도 개혁에 대해서 반대하는 게 일이다. 수석은 수석의 일이나 하십시오. 저는 제 일을 하겠습니다.'라고 얘기했죠. 그렇게 회의는 끝났고, 저는 얼마 안 돼서 좌천됐어요.

이쌍규 : 형사정책단은?

김 웅 : 정책단도 없어지고 그 밑에 검사들도 다 지방으로 날아갔어요. 너무 비열하죠. 장수를 쳤으면 그걸로 끝내야지 그 밑에 졸병까지 다 죽이지는 않잖아요. 그런데 사람들이 너무 협량狹量 해 가지고 그걸 다 죽이고 그 조직까지 다 없애버리는 거예요. 그 조직 겨우 검사 둘이 있었어요. 저까지 포함했을 때는 셋. 근데 그걸 그렇게 하더라고요.

이쌍규 : 그 두 검사분은 그러면 지금은 어떻게 됐어요? 복

귀했나요?

김 웅 : 지방을 돌고 있죠. 이번에 올라온 친구도 있고.

이쌍규 : 책임지거나 뭐라도 도움을 주셔야 하는 거 아닙니까?

김 웅 : 제가 뭔 힘이 있습니까?

이쌍규 : 국회의원이 입소문이라도 내면...

김 웅 : 제가 어떤 이야기를 하면 득得보다 실失이 더 큽니다.

이쌍규 : 그러면 민주당하고 싸울 때 가장 힘든 게 뭐였나요?

김 웅 : 민주당하고 싸울 때 제일 힘든 건 일단 언론 환경이 우리한테 안 좋았어요. 우리한테 워낙 안 좋은데 보수적인 언론에서는 새로운 보수당 출신에 대해서는 적대적이기 때문에 기사를 써도 꼭 공격받을 요소들을 유도해요. 제가 뭐라고 얘기를 하고 나면 양쪽에서 우르르 몰려와서 악플을 쓰죠. 그래서 페이지 뷰가 올라간다고 생각도 하는 것 같고.

이쌍규 : 민주당이 그래도 다수당인데 그 안에서 친한 의원

들은 좀 있으십니까?

김 웅 : 꽤 있어요. 예를 들어, 조응천 의원.

이쌍규 : 검사 선배님이시죠?

김 웅 : 검사로서는 알지도 못했죠. 전혀 일면식도 없었어요. 또 만나면 되게 반갑게 서로 격려해 주고 그러는 게 또 박용진 의원. 서동용 의원하고도 친해요.

이쌍규 : 주로 비非 주류들하고 친하시네요?

김 웅 : 그렇죠.

이쌍규 : 주류하고는 전혀 안 친하신지?

김 웅 : (웃음) 주류 쪽하고는 제가 친해져야 친해지죠. 우리 윤핵관[28]분들하고도 데면데면한데 걔들하고 잘 지내겠습니까?

이쌍규 : 그러면 민주당에서는 의원님을 어떻게 생각하는 것

---

28 **윤핵관.** '윤석열 측 핵심 관계자'의 줄임말. 공식적으로 '윤핵관'이라는 단어를 처음 사용한 사람은 이준석이다. 본래는 제20대 대선 동안 '윤석열 측 핵심 관계자'라는 명의로 언론사와의 익명 인터뷰를 통해 당과 선대위, 후보의 입장과 다른 말을 하는 이들을 지칭하였으나, 지금은 흔히 '대통령 이름을 이용해 권력을 가지려는 사람들'을 통칭한다.

같으세요? 소문도 들릴 거고, 부딪히는 일들도 있을 거고.

김 웅 : 잘 모르겠어요. 근데 호기심을 가지는 분들은 꽤 있으셨던 것 같아요.

이쌍규 : 어떤 호기심?

김 웅 : 만나서 한 번 이야기하면 그냥 밥 한번 먹자, 같이 뭐 해보자, 이런 이야기를 하는 사람들이 있어요. 그러면 저는 국회에 밥 먹으러 온 거 아니다, 친교하러 온 거 아니다. 그러고 말죠.

이쌍규 : 굳이 그럴 필요가 있나요? 서로 만나서 정책이든 의견이든 교환할 수도 있는 거잖아요.

김 웅 : 어차피 다 아는데 그걸 개인적으로 굳이 만나서 친교를 할 필요는 없죠. 제가 그렇다고 사람들하고 친하게 지내지 않는 건 아닌데, 국회에서는 약간 그런 게 있어요. 서로 안면은 트고 동호회 문화 같은 게 있는데 그게 싫은 거예요. 저한테 이곳은 전쟁터거든요. 국회가 전쟁터인데 무슨 여기 와서 저하고 나하고 만나서 알콩달콩할 필요가 뭐가 있나요? (웃음) 국민이 저를 보냈을 때 가서 친목 활동하고 오라고 보낸 건 아니니까.

그렇다고 무조건 안 친하게 지내는 것도 아니에요. 정치적인 의견이 달라도 막상 만나면 서로 걱정도 많이 하고 응원도 많이 하고 합니다. 이쪽에서는 장제원 의원이랑도 친하게 지내고, 박범계 의원한테 가서 대통령 뒷말도 하고(웃음) 그러면 그 양반도 이제 저한테 서운하다는 얘기도 하고 이런 이야기를 자주 나눠요. 아무래도 제 걱정을 많이 해주시는 것 같아요. 이러다가 어떡하냐. 이러면서.

전당대회 출마

제가 준석이 만나면 지금도 그런 이야길 해요.
'너 내 앞에서 사람 보는 눈 있다는 소리 하지 마.'

국민의힘 당대표 출마선언문

(2021. 5. 13.)

저는 국민의힘 당 대표에 출마합니다.

국민의힘은 모두의 내일을 함께 만들어가는 정당입니다. 모두의 내일을 만들기 위해 지금 가장 필요한 것은 바로 정권교체입니다.

문재인 정권과 내로남불 민주당에게 더 이상 대한민국

을 맡길 수 없습니다. 문재인 정권 4년은 우리 모두에게 끔찍한 고통의 시간이었습니다.

청년들은 일자리와 미래를 잃었습니다. 중산층은 무너졌고 노동자들의 삶은 더욱 힘들어졌습니다. 폭압적인 세금과 집값 폭등으로 서민들의 허리는 휘다 못해 끊어질 지경입니다.

공정과 정의도 더럽혀졌습니다. 권력형 범죄를 서슴지 않는 파렴치범이 오히려 수호의 대상이 되고, 성범죄자가 추앙받는 세상이 되었습니다. 일제강점기의 아픈 역사를 팔아먹은 자, 부동산 투기를 일삼은 자, 금융 비리를 저지른 자가 장관이 되고 국회의원도 되는 나라가 되었습니다.

그런데도 우리는 여전히 국민의 외면을 받았습니다. 문재인 정권의 추악한 내로남불에도 우리 국민의힘은 외면 받았습니다. 그것은 바로 우리가 과거에서 벗어나지 못했기 때문입니다. 국민은 아직도 우리 당에 대한 아픈 기억을 잊지 않고 있습니다. 그 고통스러운 진실은 외면하거나 부인할 수 없습니다. 오직 새로운 희망과 변화만이 그 아픈 기억을 덮을 수 있습니다.

지금 우리에게 마지막 기회가 주어졌습니다. 서울과 부산 보궐선거에서 우리는 태풍과 같은 변화를 지켜봤습니다. 국민의 분노가 문재인 정권의 심장을 저격했습니다.

하지만 그 분노는 국민의힘의 변화도 요구하고 있습니다. 우리는 보궐선거에서 60%가 넘는 표를 얻었으나 우리 당의 지지율은 그 절반도 이르지 못합니다. 문재인 정권에 대한 분노가 우리의 지지율로 이어지지 않고 있습니다. 우리가 국민에게 믿음을 주지 못했기 때문입니다. 과거로 회귀할 수 있다는 두려움이 바로 우리와 국민을 가로막고 있는 장애물입니다. 그래서 지금 국민이 우리에게 명령하는 것은 불가역적인 변화입니다.

국민의힘 당원 여러분,

저는 그 불가역적 변화의 시작이 되고자 합니다. 그 변화를 이끄는 기관차가 되고자 합니다.

당의 변화는 당의 얼굴에서 시작됩니다. 새로운 인물만이 새 시대의 희망을 담을 수 있습니다. 새 리더십만이 낡은 규범을 벗어나 넓은 세상으로 떠나게 할 수 있습니다. 국민의 명령을 따르는 길은 바로 이것이라고 확신합니다. 제가 당 대표가 되려고 하는 것은 국민의힘을 빛나게 하기 위함이 아닙니다. 저는 우리 당을 무거운 반성과 힘든 혁신으로 이끌기 위해 당 대표가 되어야 합니다.

존경하는 당원 여러분, 저를 보수주의 정당으로 이끈 한마디의 말은 바로 이것이었습니다.

"책임 없는 자유는 없고, 스스로를 돌볼 수 없는 사람들에 대한 책임을 지는 것이 보수주의자이다."

우리가 가야 할 곳, 국민의힘이 가야 할 곳은 높은 정상이 아닙니다.

우리가 가야 할 곳은, 노동자가 철판에 깔려 죽은 현장이고, 임대 전단지가 날리는 빈 상가이며, 삼각김밥으로 한 끼 때우고 콜을 기다리는 편의점입니다.

우리는 정상이 아니라, 대한민국에서 가장 낮은 곳으로 가야 합니다. 우리는 가장 낮은 곳의 아픔을 공감해야 합니다. 그것이 바로 보수이고, 그 실천이 진정한 변화입니다. 우리는 승리해야 합니다. 우리는 2022년 대한민국을 절망 속에서 건져내야 합니다. 그리고 우리에게 주어진 유일한 승리 공식은 바로 변화입니다.

존경하고 사랑하는 당원 여러분, 저는 여러분에게 우리의 필승 공식을 제시하려고 합니다. 바로 우리 당의 거대한 변화의 시작입니다.

• 공천철칙 확립

가장 중요한 당 개혁은 공천 개혁입니다. 계파 정치나 호떡공천이라고 불리는 낡은 정치를 벗어나기 위해서는 공천 철칙이 필요합니다.

저는 공천관리위원회를 상설기구로 설치하여 장기간의 후보 적합도, 경쟁력 조사를 통해 공천이 결정되는 구조를 정착시키겠습니다.당 대표나 최고위원이 절대로 개입할 수 없는 공천룰을 확립하고, 저부터 공천의 공정성을 담보하기 위해 다음 지방선거 공천 과정에서의 모든 권한을 내려놓겠습니다.

• 청년 공천 30% 할당제

진정한 청년정치는 청년정치인이 전면으로 나서는 것뿐입니다. 20세와 39세의 청년들에게 기초 및 광역자치

의회 공천의 30%를 할당하겠습니다. 이를 위해 25세로 되어 있는 공직선거법상 피선거권 나이를 20세로 낮춰 청년들도 충분한 정치적 경험을 쌓을 수 있도록 하겠습니다.

• 엔지니어링 정당

저는 우리 국민의힘을 엔지니어링 정당으로 성장시키겠습니다. 과학적인 방법으로 국민의 삶을 실질적으로 개선하는 엔지니어링 정당이 바로 국민의힘이 가야 할 미래입니다. 이를 위해 사무총장을 경영자 또는 공학자 출신으로 공모하여 우리 당에 변화의 바람을 불러오겠습니다. 또한, 당 활동의 모든 중심을 데이터 분석(데이터 리터러시)에 놓아 주먹구구식 정치에서 벗어나겠습니다.

• 한국형 헤리티지 재단 설립

우리 당에 부족한 청년 정치 생태계를 조성하기 위해 100억 원 기금을 마련하겠습니다. 이 기금을 활용하여 청년들이 정책을 개발하고 정치인으로 성장을 할 수 있는 물적 기반을 마련하겠습니다.

존경하는 당원 여러분, 이번 당 대표는 내년 대통령 선거를 승리로 이끌어야 하는 막중한 자리입니다. 지금 우리의 후보들이 아무리 미미해 보여도 그들보다 더 나은 인재는 없습니다. 호박씨는 아무리 커도 옆으로만 자라고, 삼나무씨는 아무리 작아도 하늘로 쭉쭉 뻗습니다. 우리 당의 대통령 후보들은 모두 삼나무씨와 같습니다. 당에서 뒷받침해주고 응원해주면 모두 훌륭한 나라를 바로 세울 적임자가 될 수 있습니다.

대통령선거 후보 선출의 공정성을 위해 저는 지도부나 외부가 개입할 요소를 최소화하겠습니다. 당 대표가 되는 즉시 모든 경선룰을 미리 정해놓겠습니다. 우리 당의 대통령 후보는 100% 국민경선으로 결정되어야 합니다. 그 경선 방법은 구체적인 조사 문항과 방법까지 미리 정해놓아야 합니다. 그래야 외부의 좋은 인재도 우리 당에 들어올 수 있고 경선 과정에서의 갈등도 최소화할 수 있습니다.

마지막으로 당 대표가 되면 저는 자기희생을 실천하겠습니다. 당 대표가 되면 저는 다음 총선에서 당이 원하는 바에 따라, 험지 출마 또는 총선 조력자 역할을 하겠습니다.

당 대표 자리는 정치적인 성장의 도구이거나 경력 쌓기의 대상이 될 수 없습니다. 그런 대표로는 국민에게 감동을 줄 수 없습니다. 제가 당 대표가 되면 그간 우리 당의 리더들이 보여주지 못한 자기희생을 실천하겠습니다.

존경하는 국민의힘 당원 여러분,

우리가 정치를 하는 것은 세상을 좀 더 나은 곳으로 만들기 위해서입니다. 하지만 국민은 정치가 세상을 나은 곳으로 만들어 줄 것이라고 기대하지 않습니다. 정치가 더는 희망의 이름이 아니며, 기성 정치로는 국민의 믿음을 얻을 수 없습니다. 이제는 정치도 변해야 할 때 입니다. 혁명적인 변화는 오직 혁신적인 사고에서 나옵니다. 초선에 불과한 제가 감히 당 대표에 도전하는 것은 기존의 여의도 정치 공식에 젖어 있지 않기 때문입니다.

우리 당이 변하면 국민은 다시 우리를 믿어줄 것입니다. 변화해야 승리할 수 있습니다. 대선 승리를 바라시면 저를 선택해주십시오. 김웅과 함께 위대한 승리의 여정을 시작해주십시오.

2021. 5. 13.

국민의힘 김웅

전혜인 : 21년에는 국민의힘 전당대회 당 대표로 출마하셨는데, 초선인데 어떤 이유로 출마하게 되신 건가요?

김 웅 : 제가 아까 말씀드렸잖아요. 우리 당이 왜 졌는가? 청년들을 만나서 '야, 왜 우리 당을 안 찍냐?' 물어보면 우리 당이 부끄럽대요. 우리 당하면 떠오르는 사람들이 차명진이니 뭐, 옛날에 있었던 이상한 사람들 이름만 얘기하는 거예요. 그러면 당에 대한 이미지, 이걸 바꿔야 하는 건데 그러려면 이 당하면 떠오르는 새로운 인물이 필요하겠더라고요. 우리에겐 기억의 가소성이라는 게 있잖아요. 우리 당에 있다는 나쁜 기억을 좋은 기억으로 덮는 거 외에는 방법이 없어요.

이 당하면 떠오르는 사람이나 이미지가 일단 권위적이죠. 그 정반대는 뭘까? 전라도 출신 초선 의원이 느닷없이 당 대표에 출마하는 게 아닐까? 그것만큼 당이 이미지를 바꾸는 데 좋은 게 없을 거로 생각했어요. 그래서 돈 2천만 원 가지고 선거를 시작했죠. 선거 시작하니까 처음에는 지지율이 13% 막 이렇게 나왔었어요. 우리 당원들도 인정한 거죠. 이미지가 바뀌지 않으면 대선을 절대 이길 수 없다는 걸 아는 거예요. 그러므로 이기기 위한 새로운 선택을 해야 한다는 거죠. 근데 저는 이제 정치와 선거가 다르다는 것을 구분하지 못했어요.

이쌍규 : 정치와 선거?

김 웅 : 그러니까 우리 이준석 대표 같은 경우는 선거가 뭔지를 아는 거예요. 준석이가 저한테 계속 그 이야기를 했어요. 제가 나서서 선거운동을 하고 있는데 2주 정도 지나니까 정말 엄청나게 두들겨 맞았거든요. 그 2주 뒤에 준석이가 찾아오더라고요. 오더니 '형 저도 이번에 출마 한번 해볼래요.' 그래서 '왜?' 물으니까 '형이 한 2주 두들겨 맞아줘서 이제 제가 나가도 될 것 같아요.' 그래서 그러면 서로 지지율이 잘 나오는 사람을 밀어주기로 하고 나온 거예요. 준석이가 저한테 그러면서 그 얘기를 해줬어요.

'형, 정책 이야기하지 마세요. 이건 선거예요. 선거는 이슈를 잡아야 해요. 때리세요.' 근데 제가 그걸 못하겠더라고요. 그리고 저는 그때 피 같은 돈 2천만 원을 뿌려서 선거를 시작했는데, 이때 내가 생각하는 우리 당을 바꿀 수 있다고 생각하는 정책들을 이 기회에 홍보해 보자고 한 거거든요.

이제 돈 2천만 원도 다 떨어져서 더는 선거를 진행하기도 힘들고, 저쪽에서 너무 두들겨 패니까 '야, 이러다가 정치생명이 끝나겠다.' 싶더라고요. 그런데 고개를 돌려보니까 준석이가 주호영 대표에 대해서 '팔공산만 다섯 번 오르던 분' 이러면서 쫙쫙 올라가는 거예요. 그때 깨달았죠. '아, 얘는 선거에는 타고났다. 나는 선거를 못 하는구나.'

그리고 또 결정적인 패착은 시스템 공천을 공약으로 내걸었어요. 모든 것을 수치화하고 모든 활동도 다 점수를 매기고 그렇게 해서 거기에 의해 저절로 공천자가 결정되는 시스템 공천을 지방선거 때부터 실시하겠다고 한 거죠. 제가 제일 하고 싶은 일이기도 했어요. 그런데 그 말을 하고 나니까 오늘 당협에서 오지 말라고 하더라고요.

이쌍규 : 왜 오지 말라고?

김 웅: 당협위원장 입장으로 봤을 때 자기들이 가지고 있는 유일하고 절대적인 권력이 공천권인데 그것을 뺏어가겠다고 하는 거니까요. 대한민국 여의도 정치에 있어서 제일 중요한 건 공천권이거든요. 그것만 내려놓고 공정하게 시스템 공천을 하면 당이 살아갈 길이 있는데, 그걸 내려놓지 못하는 거죠. 그렇게 2천만 원 날리면서 시스템 공천 이야기만 하다가 끝났어요.

〈국민의힘 제 1차 전당대회 당대표 선거 결과〉

성명	선거인단 투표	여론조사	총 득표	순위	비고
나경원	61,077표 40.93%	28.27%	79,151표 37.13%	2위	낙선
이준석	55,820표 37.41%	58.76%	93,392표 43.81%	1위	당선
조경태	4.347표 2.91%	2.57%	5,988표 2.80%	4위	낙선
주호영	25,109표 16.82%	7.47%	29,883표 14.02%	3위	낙선
홍문표	2,841표 1.9%	2.94%	4,721표 2.21%	5위	낙선

■ 방식: 당원투표(70%), 일반국민 여론조사(30%)

■ 1차 컷오프: 김웅(초선), 김은혜(초선), 윤영석(3선)

이쌍규 : 그 선거에서 결국 이준석 대표가 당 대표가 되었잖아요. 의원님이 본 이준석 대표는 어떤 사람입니까?

김 웅 : 이준석 대표 같은 경우에는 옛날 케케묵은 것을 가지고 와서 난리 칠 정도로 도덕적 흠결이 별로 없었어요. 그러니까 그걸 어디 가서 술 먹고 온 걸 성 상납으로 둔갑시켰죠. 법적으로 분명히 성 상납은 없었다고 인정이 됐습니다. 그런데도 그런 프레임에 가두었죠. 그 선수가 당 대표가 되었을 때 돈을 허투루 쓴 것도 하나 없어요. 그러니까 그런 부분이 뛰어나고, 선거 때 대응을 너무 잘해요. 그 대응 능력 덕분에 당 대표로서 이끈 선거에서 다 이길 수 있었죠.

그런데 가장 큰 문제점은 나이브naive 하다는 거예요. 사람들에 대한 신뢰가 있어요. 저는 정치인 중에 정말 구태들이라고 하는 사람들은 절대 고쳐지지 않아요. 그런데 이준석 대표는 그 사람들한테 자기가 진심으로 공정하게 대해주면 저 사람들도 나를 믿어줄 거로 생각하는 거예요. 그래서 준석이 같은 경우, 인사를 하면 자기가 당 대표가 됐는데도 불구하고 자기를 도와줄 사람을 아무도 주요 보직에 앉히지 않았어요. 오히려 상대편 사람들이 자기를 공격할 수 있도록 자리를 마련해주었죠. 그 사람들에게 칼을 맞은 거예요. 제가 준석이 만나면 지금도 그런 이야기 해요. '너 내 앞에서 사람 보는 눈 있다는 소리 하지 마.'

이쌍규 : 그러면 의원님은 사람 보는 눈이 있습니까?

김 웅 : 있죠. 유승민 딱 택하잖아요. (웃음)

이쌍규 : 기승 전 유승민 (웃음)

김 웅 : 아니에요. 저는 항상 그래요. 유승민계系 라고 이야기하는데, 나는 유승민보다 더 뛰어난 사람이 있으면 난 바로 갈아탄다. 그리고 내가 유승민을 도와주는 것이지, 내가 무슨 유승민계냐. 그 사람이 저 공천해 준 것도 아니잖아요. 이게 무슨 패거리처럼 얘기하면 안 되는 거예요. 만약에 그 양반이 대통령이 '바이든'이 아니고 '날리면'이라고 얘기하기 시작하면 전 바로 버릴 거예요.

이쌍규 : 유승민 의원의 장단점은 뭐라고 생각하시나요? 리더십이나 이런 측면에서 봤을 때.

김 웅 : 사람들이 보통 많이 이야기하는 게 따르는 사람이 너무 적다는 거예요. 저는 근데 그걸 장점이라고 봐요. 왜냐하면, 그런 걸 따지고 보면 윤핵관이라고

하는 사람들이 가장 리더십 있는 거겠죠. 그건 리더십이 아니고 떼로 뭉치는 거예요. 이익과 이권을 두고 모이는 거죠. 그런 패거리가 무슨 의미가 있어요. 그런데 방향을 제시하고 외롭더라도 옳은 방향으로 계속 가자고 이야기하고, 그쪽으로 변함없이 가고 있는. 그런 게 저는 리더라고 봐요.

이쌍규 : 이게 보수의 가치다?

김 웅 : 그럼요. 그게 보수의 가치죠. 저는 항상 예를 드는 게, 정치인이란 북극성을 가리키며 이 배가 어디로 갈 것인지를 고민하고 목적지를 설정해주는 사람이지. '야, 이 밑에 조류가 이쪽으로 흐르니까 이쪽으로 가자. 바람이 이쪽으로 부니까 저쪽으로 가자.' 라고 이야기를 하는 것은 정치인이 아니죠. 그 사람들은 그냥 정말 표를 먹고 사는 정상배[29]인 거고.

이쌍규 : 그러면 단점은 뭡니까?

김 웅 : 고집이 세요.

이쌍규 : 유유상종이네요. 독불장군 느낌입니까? 어떤 겁니까?

---

29 **정상배(政商輩).** 정치가와 결탁하여 정권(政權)을 이용하여 사사로운 이익을 꾀하는 무리

김 웅 : 나쁘게 생각하면 독불장군일 수 있지만, 타협을 안 하는 거죠. 유 대표나 저 같은 경우에는 서 있을 땅이 별로 없어요. 거기서 한 발짝만 뒤로 물러서면 그냥 윤핵관들과 똑같은 그 구덩이로 가는 거예요. 한 발짝도 물러서서는 안 되는 거죠. 예를 들면, 이준석 대표가 쫓겨났을 때, 저 하나 잘되려고 생각한다면 시류에 편승해서 '그래 저 새끼 원래 싸가지가 없으니까' 이렇게 한 마디만 해줬으면 됐겠죠. 사람들한테 욕 안 얻어먹고, 당 안에서 입지도 챙기고. 근데 거기서 '이건 절대 잘못된 거야'라고 이야기를 하고 독불장군처럼 혼자서 버텼으니까.

아직 그 사람들 구덩이로 안 들어간 거라고 봐요. 정치인이 사람들 눈치 보고 세勢가 저기 있으니 저리로 가자, 대중이 이걸 원하니까 이리로 가자, 하면 무슨 정치를 하겠어요. 대중이 뭐라고 이야기를 해도 우리가 가야 하는 길은 이 길이라고 끝까지 우기고 무시하는 거예요. (웃음) 결국은 그거죠. 그걸 보고 좋아하는 사람은 그걸로 사는 거고.

이쌍규 : 그러고 보면 의원님은 홍준표 의원하고도 공통점이 좀 있으십니다. 일단 검사 출신에 지역구도 송파갑. 둘 다 유력정치인의 추천을 받으셨죠. 홍준표는 YS, 김웅은 유승민. 주류와는 거리가 멀다는 것도 비슷

하고요. 홍준표 의원에 대한 생각은 어떻습니까?

김 웅 : 저는 그냥 반면교사反面教師 라고 생각해요. 그래서 제가 정치를 할 때 그분이 하는 방식 반대로 가야겠다. 그게 옳은 길이다. 라고 생각을 해요. 그래서 그분 같은 경우에는 기본적으로 소외되고 약한 사람들에 대한 공감 능력이 많이 부족하신 거 아닌가 싶어요. 대중하고는 상당히 잘 교류하시죠. 교감하시고. 대중의 어떤 움직임을 잘 포착해서 기민하게 움직이시는 것 같아요. 저는 늘 이야기하지만, 정치인은 대중을 따라가는 게 아니고, 이상적으로 국민을 위한 것이 무엇인지를 알고 거기에 맞춰서 따라가야 한다고 생각하거든요. 그래서 저는 그분과는 좀 다른 정치를 하고 있다고 말씀드릴 수 있겠습니다.

이쌍규 : 자신 있게 얘기할 수 있는 것은 홍준표 의원하고는 결이 다르다?

김 웅 : 주류와 거리가 멀다는 것도 말씀하셨는데, 그것도 자세히 들여다보면 많이 다르죠. 그분 같은 경우에는 YS나 이런 분들이 도와주셔서 화려하게 데뷔를 했잖아요. 덕분에 각종 매체나 언론에서 든든한 지원도 받았고. 저 같은 경우에는 데뷔 자체도 상대적으로 보면 초라했고, 모든 매체가 적대적으로 대하

고 있다고 볼 수 있습니다. 그리고 저의 정치적 동반자라고 할 수 있는 유승민 의원 같은 경우에도 정말 어렵고 힘든 길을 가고 계시지 않습니까? 같다고 볼 수 없죠.

이쌍규 : 혹시 줄을 잘못 섰다(?)는 생각은 안 하십니까?

김 웅 : 아니요. 제가 예를 하나 들어볼게요. 제가 검사 시절에 서초동에서 건널목을 지나가는데, 건너편에서 검찰총장 출신 변호사하고, 부부장 검사하다가 그만둔 변호사 두 분이 길을 건너고 있었어요. 검찰 후배들이 밥 먹으러 가면서 지나가다가 전부 그 부부장 하다가 나간 변호사를 쫓아가서는 '형님, 그동안 잘 지내셨습니까? 별일 없으셨습니까?'

인사를 하고 가는데, 검찰총장 출신 변호사한테는 그 누구 하나 눈길을 안 주더라고요. 그래서 왜 그러냐 물었더니, '저 사람이 과거에 검찰총장을 하면서 검찰을 얼마나 망쳤는지 아느냐, 너무 부끄럽다.' 이러는 거예요.

누군가는 줄을 잘 서서 뭐도 해 먹고, 뭐도 해 먹고 그러는 것이 낫다고 생각할 수 있겠지만, 저는 그렇게 부끄러운 사람이 되지 않는 게 더 남는 장사라고 생각해요. 어려운 길이고 힘든 길이라고 해서 제가 죽는 것도 아니잖아요. 누가 보더라도 이게 바른길이고, 옳은 길이라 하면 그 길을 가는 게 맞죠.

여당 의원 김웅

"야당일 때가 편해요. 공공의 적이 있으니까...
공격에 집중하면 되거든요.
그런데 여당 의원이 되면..."

이쌍규 : 그러면 대선을 결국에 이겼잖아요. 그 원동력이 뭡니까?

김 웅 : 이재명이죠. 문재인, 조국, 이재명.

이쌍규 : 반사이익으로 이겼다?

김 웅 : 우리가 잘한 거는 '우리 당이 달라질 수 있겠구나'라는 환상을 국민한테 잠깐 심어준 거예요. 이준석이를 갖다 쓰면서, 김종인 위원장이 오면서, 우리 당의 정강 정책 바꾸고 젊은 애들 막 중용해서 기회

를 주고, 그런 걸 보면서 잠시 '이 당이 바뀌나 보다'라고 착각을 하게 한 거 빼고 당이 한 게 뭐 있어요? 우리 당이 내놓은 정책 중에 기억나는 거 혹시 있으세요? 선거 관련해서?

이쌍규 : 여가부(여성가족부) 폐지? (웃음)

김 웅 : (웃음) 그게 무슨 정책이에요. 대한민국이 앞으로 어느 방향으로 갈 것이냐에 대한 게 아무것도 없잖아요. 선거는 상대방이 싫어서 찍는 거예요. 그러므로 우리한테 가장 좋았던 건 뭐냐면 문재인도 있고, 조국도 있었지만, 이재명이 있었기 때문이죠. 이재명만은 도저히 안 되겠다고 해서 이긴 거죠.

이쌍규 : 검사 시절에 대통령하고 일면식이 있습니까?

김 웅 : 없습니다.

이쌍규 : 전혀요?

김 웅 : 대검에 총장이 되시고 나서, 다음번 인사 때 날아가기 전에 잠깐 한 2주 정도 겹치는 시기가 있었어요. 형사정책단이 없어지기 전에 그 자리에 잠깐 있다가 바로 본부 연수로 날아갔으니까. 그때 과장급들 한 2~30명 같이 밥 먹는 자리에서 밥 한번 먹고 아이스크림 두 개씩 먹자고 해서 두 개씩 얻어먹었

던 기억이 있습니다. 그러고 나서 사표 쓴 날, 법무연수원에서 신임 부장검사 강화가 있어서 총장님이 오셨어요. 강화 끝나고 나서 부장검사들 4~50명과 같이 밥 먹었던 거? 그게 전부입니다.

이쌍규 : 그러면 대선 때 이제 출마하시기 전에 국회의원을 하고 계셨잖아요. 그러면 검사 후배이기도 하고, 좀 도와달라는 연락 같은 건 없었습니까?

김 웅 : 열심히 돕고 있었는데 굳이 뭐.

이쌍규 : 연락도 없었다.. 한동훈 장관하고는 개인적으로 어떻게 되시나요?

김 웅 : 한동훈 장관하고는 여럿이서 회식도 해 본 적 없고, 제가 사직서 썼을 때 문자 하나 보내주셨던 것 같아요. 전화번호도 없습니다. 국회에서 대정부 질문할 때 2층 커피숍에서 마주쳤는데 반갑게 와서 인사를 하시더라고요. 그때 처음으로 목소리를 들어봤습니다.

이쌍규 : 한동훈 장관은 다음 총선에 출마할 거라고 보시나요?

김 웅 : 유동적이긴 하겠지만, 본인이 정치하고자 한다면 출마해야 할 거예요.

이쌍규 : 해야 한다?

김 웅 : 어찌 되었든 간에 지금 정권의 차기 리더로 생각하고 있는 것 같은데, 행정부에 그대로 있어서는 차세대 리더까지 가기가 어려워요. 국회 경험이 있어야 합니다. 국회에서 의원들과 만남도 있어야 하고, 자유롭게 돌아다니면서 본인 정치도 해야 하거든요. 그렇게 봤을 때, 다음 총선밖에는 기회가 없어요. 이리저리 고민해 보겠지만, 결국은 나오지 않을까 싶네요.

이쌍규 : 일각에서는 내년 총선을 한 장관 중심으로 치러야 한다고 하는데, 여기에 대해서는 어떻게 생각하시나요?

김 웅 : 그런 이야기가 있기는 한데, 제가 알기로는 폐기된 것으로 알고 있습니다. 선거라는 거는 결국 중도中道 싸움이거든요. 중도로 얼마나 나아가느냐의 문제가 있거든요. 과연 그분들에게 어필을 할 수 있는 인물인가에 대한 의문이 하나 있고요.

그다음은 세대의 문제에요. 옛날 같은 경우에는 간단히 말해서 호남 대 영남의 대결이었어요. 이런 대결에서는 과거 우리 당이 다수였겠지요. 하지만, 지금 우리는 점점 소수가 되어가고 있습니다. 세대 대결이 되어가고 있기 때문이죠.

간단히 말해서 40대, 50대는 민주당, 60대, 70대 이상은 국민의 힘입니다. 40대, 50대 인구가 60대, 70대 이상 인구의 두 배에 달해요. 그리고 우리가 고령화가 되어간다고 하는데, 지금의 50대가 60대가 되어도 성향이 잘 바뀌지 않고요. 이런 이야기가 좀 그럴 수 있지만, 우리가 5년마다, 아니, 4년마다 선거를 치를 때마다 60대, 70대는 100만 명씩 줄어들고, 40대, 50대는 14만 명씩 줄어들어요.

시간이 지나면 지날수록 우리에게 불리한 싸움인 거죠. 그렇다면 우리는 20대 30대에 손을 내밀어야 하죠. 세대의 연합을 이루어야 하는 거예요. 그게 지난 대선에서는 어느 정도 이루어졌고, 그 덕에 승리할 수 있었어요. 그런데 지금 보세요. 대통령과 우리 당의 20대 30대 지지율이 얼마나 나오는지. 대선 때 반짝 형성되었던 세대의 연합이 깨진 거예요. 그런데, 이런 상황에서 현 정부와 당 지도부가 찍은 인물을 중심으로 총선을 치른다? 한동훈 장관이 청년들에게 어필할 수 있는 인물도 아니잖아요. 그래서 저는 부정적으로 봅니다.

이쌍규 : 중도를 말씀하셨는데, 중도가 뭡니까?

김 웅: 중도는 이야기하기 정말 어려워요. 이 당이나 저 당이나 서로가 안티테제antithesis 가 됐어요. 4.3 사건이나 5.18 사건에 대해서 함부로 무시하는 정서와 논리가 존재하죠. 다른 한편에서는 개딸처럼 우리는 무조건 옳고, 저들은 무조건 악이라고 하는 사람들도 있습니다. 그러다 보니 자신들의 목적이 수단을 정당화하는 모습들을 보이죠.

중도라는 것은 그 사람들과 섞이고 싶지 않은 사람들이 대부분이에요. 그건 어떤 이념 지향성이 있는 것이 아니죠. 그런데 이제 그분들에게 어떻게 세상을 좋게 만들겠다고 이야기하는 것이 기존의 틀 안에 있는 정치인으로서 설득력을 갖기는 어려워요. 실제로 제가 '여러분 욕만 하지 마시고 나와서 우리를 좀 도와주세요'라고 호소하면 반응이 없어요. 중도에 계신 분들도 그렇지만 사람은 누구나 분노해서 표를 찍어주지, 좋아하는 쪽에 표를 찍지는 않는 것 같더라고요. 그래서 이 사람들은 세력화되지도 않고, 후원해주지도 않고, 투표소에 많이 나오지도 않는다는 사실을 정치권에서는 파악하고 그쪽으로 가지 않는 것 같아요. 오히려 그 사람들을 정치적으로 포기하게끔 해서 열성 지지자들만의 정치를 만들려는 것은 아닐까 하는 생각이 들어요. 이렇게 생각해보면 중도는 이상인 동시에 허상일 수 있겠죠.

그럼에도 불구하고 저는 침묵하는 다수의 목소리가 존재한다고 생각해요. 그게 설령 들리지 않는다고 하더라도 그 목소리를 찾아내야 하는 것이 진정한 대중 정치인이어야 하고요. 어렵죠.

전혜인 : 대선을 이겼으니까 이제 여당 정치인이 되신 거잖아요. 달라지는 건 어떤 게 있을까요?

김 웅 : 야당일 때가 편해요. 공공의 적이 있으니까 공격에 집중하면 되거든요. 그런데 여당 의원이 되면 우리가 말도 안 되는 짓을 하는데도 거기에 대해서 여당 의원이기 때문에, 정말 꾹 참아야 하는 경우가 많아요. 특히나 외교와 관련해서 실수가 있어도 그 부분은 어지간하면 이야기를 안 하려고 하거든요.

이쌍규 : 소신의 포기입니까?

김 웅 : 여러 가지 문제가 있더라고요. 일단 국익이 우선되어야 한다는 얘기도 있고, 안 그래도 당 지지율이 너무 떨어지는데 제가 비판적인 목소리를 내면 내부 총질이라 그러고, 또 그걸 가지고 저 때문에 지지율이 떨어지는 거라고 해요. 그래서 언젠가부터 그냥 이야기를 안 하고 있어요. 좋아. 너희가 하고 싶은 대로 해봐. 지지율이 오르는가 봐라. 안 오르잖아요. 그런데도 이 사람들은 내부에서 단결하지 않아서 이렇게 된 거라고 그래요.

이쌍규 : 지금 내부에서 이준석 당 대표 징계 이후에 친윤계

중심으로 당 지도부가 구성되었는데[30] 이 부분에 대한 견해는 어떻게 되시나요?

김 웅: 그 부분에 대해서는 계속 비판을 해왔어요. 도대체 너네는 쿠데타 일으켜가지도 당원이 뽑은 당 대표를 쫓아내고, 그게 불법이라는 것이 밝혀졌음에도 불구하고 손뼉을 쳐서 비대위원장을 선정하고, 그 다음에 민심을 무시한 당심黨心 100%[31]로 갔기 때문에 우리는 총선에서 질 것이라 이야기를 계속해왔어요. 그럴 때마다 저보고 맨날 내부 총질한다는 거예요. 그러면 이 사람들이 공격했던 이준석, 유승민, 나경원, 안철수 이 사람들이 민주당 사람들인가

---

30 국민의힘 중앙윤리위원회는 〈가로세로 연구소〉가 제기한 이준석 대표의 성 접대 의혹을 근거로 품위유지를 위반했다며 이준석 대표에게 당원권 정지 6개월의 징계 처분을 의결했다. 이후, 의원총회에서 이준석을 추가 징계하라고 촉구하였고, 윤리위원회는 이준석이 당에 대해 비난을 하고, 법원에 가처분을 신청하며 당론에 불복했다는 것을 근거로 1년 추가 징계를 내렸다. 한편, 이준석 대표가 축출되고 비대위 체제로 운영되던 국민의힘은 2023년 3월 8일 새롭게 전당대회를 열어 김기현 당 대표를 비롯한 친윤계 인사들이 주축이 된 지도부를 구축했다.

31 국민의힘 제1차 전당대회에서는 당원투표 70%, 여론조사 30%를 반영하여 대표를 선출하였다. 이 선거에서 당원투표 결과 나경원 의원이 40.93%를 차지해 37.41%에 그친 이준석 후보를 앞섰으나, 여론조사에서 이준석 전 대표가 58.18%의 압도적인 성적을 내며 종득표 1위로 당 대표에 올랐다. 이후, 대중적 여론이 호의적인 유승민, 천하람 후보 등의 선전을 우려한 친윤계는 이러한 현상의 재발을 방지하기 위해 여론조사를 배제하고 당원투표 100%로 선거를 치르는 전당대회를 열기로 했고, 그 결과 친윤계가 당 지도부를 장악할 수 있게 되었다.

요? 우리 당 사람들이에요. 우리 당 사람들에 대해서 누구보다도 심하게 공격했던 사람들이 바로 윤핵관이라고 하는 구태들이죠. 그 사람들이 우리 당 사람들을 가장 심하게 공격하고, 가장 비열하게 쫓아내고. 자기들이 한 것은 당정일치를 만들기 위해 당을 위한 충심인 것이고, 그렇게 되면 안 되고 민주적인 정당으로 가야 한다고 이야기하는 것은 내부 총질이고. 그 사람들은 민주당이나 할 수 있었던 내로남불을 그대로 가지고 와서 똑같은 짓을 하는 거죠. 내부 총질을 하는 사람이 누굽니까? 그 사람들이에요.

이쌍규 : 의원님 마음이 많이 상하셨네요, 그렇죠?

김 웅 : 진짜 저 농담이 아니고, 제가 달리기를 시작하게 된 게 우울증이 오는 것 같아서예요. 모든 게 부질없는 것 같아서...

이쌍규 : 양쪽에서 공격받다 보니까?

김 웅 : 그것도 있지만... 한쪽이 공격할 수는 있겠죠. 그리고 저야 이른바 아스팔트 우파라고 하는 사람들이 계속 공격하는 것도 맨날 하는 거니까 그럴 수 있다고 봐요. 그런데 제가 결정적으로 충격을 받았던 거는 우리 당 초선 의원들이 과거에 민주당의 내로남

불에 대항해서 같이 싸웠는데, 그 사람들이 너무나도 빨리 변해버리는 거예요. 너무나도 빨리 정권의 개가 되고, 모여서 '초선 성명서'라는 걸 만들어서 나경원 대표를 공격하고, 그러면서 세상에 입에 담을 수도 없는 그런 표현을 하는 거예요.

옛날에 저랑 같이 좋은 세상 만들어보자고 싸웠던 사람들이 바로 우리가 공격했던 상대의 모습 그대로 변하는 것을 봤을 때, 내가 지금까지 뭘 해왔나라는 생각이 드는 거예요. 결국, 아무것도 달라진 것은 없이 사람만 바뀐 거죠. 세상은 여전히 그대로인 거로 이렇게 만들어 놓은 건가, 하는 자책감도 들고… 굉장히 근본적인 부분에 대한 자괴감이죠. 그런 경험을 못 해보셨을 거예요. 동지라고 생각했던 사람들이 우리가 악마화시켰던 그 사람들하고 똑같은 짓을 하는 거예요. 그게 얼마나 충격이겠어요.

이재명

"이재명이 준 열쇠를 가지고 문을 열고,
이재명이 준 손수레를 들고 가서,
이재명이 열어준 창고에서
쌀을 꺼내 가서 훔쳤습니다.
그럼 어떻게 빠져나갑니까?"

이쌍규 : 의원님 봤을 때 이재명 대표체제 이전의 민주당과 이재명 대표의 민주당과 차이가 느껴지시나요?

김 웅 : 어휴, 크게 느끼죠. 민주당은 강점이 매우 많은 정당이었거든요. 민주당의 가장 큰 강점이라고 한다면 공감 능력 같아요. 어떤 문제가 있을 때, 그 사람들이 실제로 어떤 고통을 느끼고 있고, 그 사람들이 왜 어려워하고, 왜 화를 내는지 그런 부분을 잘 잡아내요. 민주당은 그게 강점이었죠. 그런데 이재명

대표가 되고 난 뒤로부터는 그게 좀 사라진 것 같아요. 모든 행사도 그렇고, 감수성과 공감 능력을 바탕으로 포용하는 그런 정당이었다가 지금은 그냥 그야말로 개딸들의 정당이 된 것 같아요. 개딸들의 정당.

이쌍규 : 소통이 안 된다는 건가요?

김 웅 : 소통도 안 되고, 매우 공격적이고. 주변에 있는 모든 것들을 다 잡아먹는 바이러스 같은 그런 게 있어요. 예전에 느껴졌던 약자에 대한 배려라든지 그런 게 사라지고 이재명의, 이재명에 의한, 이재명을 위한 정당이 된 거죠. 돈 봉투 사건[32]도 보면 과거 우리 당이나 자유한국당에서나 나올 법한 논평이 민주당에서 나오는 거예요. 300만 원은 그냥 식비다. 그 정도로 뭘 그러냐. 이런 황당한 반응이 나오는 거예요. 정당 자체가 매우 극단화됐고, 에코 체임버 효과echo chamber effect[33]라고 하지 않습니까?

---

32 더불어민주당 송영길 의원이 당 대표로 당선되었던 2021년 5월 2일 전당대회 당시 한국 공공기관감사협회장인 강래구 씨가 이정근 전 민주당 사무부총장을 통해 여러 의원에게 불법 자금을 건넴으로써 정치자금법 및 정당법을 위반했다는 의혹이 발생한 사건

33 **에코 체임버 효과(echo chamber effect).** 반향실 효과라고도 하며, 뉴스 미디어가 전하는 정보를 이용하는 이용자가 갖고 있던 기존의 신념이 닫힌 체계로 구성

반향실反響室 효과 같은 게 매우 강해졌다는 느낌이 좀 들어요. 물론, 우리 당이 그렇다고 해서 남을 욕할 처지는 아니지만 그 민주당 고유의 강점은 많이 사라지고 이제는 극단적인 목소리에 점점 잠식되어 가고 있다. 그런 얘기죠.

전혜인 : 그러면 검사 출신으로서 판단했을 때, 이재명 대표와 관련한 법적인 쟁점은 어떤 것들이 있나요?

김 웅 : 법률 전문가 입장으로 볼 때, 공판이든 뭐든 이 사안들은 이미 다 끝난 사안들이에요. 왜냐하면, 공범들의 혐의가 지금 다 인정됐다고 볼 수 있는 거죠. 지금 공범들이 구속되거나 이런 사건들의 내용을 보면 이재명 대표가 주도적인 역할을 했다는 것이 드러나지 않으면 그 사람들이 구속까지 되지 않았을 거예요. 예를 들면, 범죄이익을 숨겼다 해서 구속이 되었다면 범죄이익의 존재가 인정되는 거예요.

된 커뮤니케이션에 의해 증폭, 강화되고 같은 입장을 지닌 정보만 지속해서 되풀이 수용하는 현상을 비유적으로 나타낸 말이다.

그 말은 뭐냐면 대장동 사건[34] 자체가 배임[35]이라는 것 자체를 이미 인정한 것입니다. 형사법 전문가 관점에서 이 사건은 다 끝났다고 생각하지만, 일반적인 사건으로 봤을 때는 이게 어렵잖아요. 대장동 사건 같은 경우에는 개발이익을 환수했다고 하고, 갑자기 성남 도시개발공사가 나오고, 거기에 무슨 유동규가 뭔 일을 했는지, 김만배는 무슨 일을 했는지 너무 복잡한 거예요. 그런 복잡성 때문에 사람들이 쟁점이 무엇인지 핵심이 무엇인지 잊어가고 있지만 가장 중요한 건 뭐냐면, 그 모든 말도 안 되는 일들을 하는데, 그 일을 할 수 있는 유일한 사람은 딱 한 명, 이재명 시장밖에 없다는 거예요. 이재명 시장이 아니면 이 모든 일이 절대 일어날 수 없는 거예요.

대장동 사건이라는 것 자체는 간단하게 말해서 성남시가 들어가서, 땅을 강제 수용하고 난 다음에 그

---

34 **대장동 사건.** 이재명 당시 성남시장 재임 시절 추진된 경기도 성남시 분당구 대장동 개발 사업 당시 '화천대유자산관리'라는 특정 회사에 거액의 이익을 몰아넣었다는 의혹

35 **배임죄.** 타인의 사무를 처리하는 사람이 임무를 저버리고 불법행위를 하여 재산상의 이익을 취득하거나, 제 3자로 하여금 이를 취득하게 하여 임무를 맡긴 사람에게 손해를 입힘으로써 성립하는 범죄

수익이 나는 모든 부분을 화천대유한테 다 넘겨줘 버린 거죠. 그러면 그 뒤로부터 그게 되냐 안 되냐를 떠나서 이 모든 일을 결정할 수 있는 단 한 사람은 누구냐? 그 사람은 이재명이라는 거죠. 근데 거기에 관련된 사람들이 전부 다 구속됐어요. 그러면 이 주범의 혐의는 당연히 인정되는 거죠.

백현동[36] 같은 경우도 너무 단순한 거예요. 김인섭이 하는 이야기는 '나는 정당한 절차를 통해 허가받은 것이다'라고 이야기하지만, 이 사람은 알선수재로 구속이 돼 버렸거든요. 알선수재라는 것이 뭐냐면, 이 사람이 백현동 땅 풀어 달라, 용도변경 해달라, 이렇게 정당하게 요청한 것이 아니라 부정한 청탁으로 인정돼버린 거예요. 너무 간단하죠.

성남FC 사건[37] 같은 경우에는 그 사건을 경찰이 한 번 뭉갰어요. 경찰에서 뭉갠 사건을 고발인이 이

---

36 **백현동 개발 특혜 의혹.** 이재명 당시 성남시장이 한국식품연구원이 매각한 부지에서 시행한 백현동 개발사업의 부지 용도변경과 사업추진 과정에서 특정 부동산업체에 대한 특혜를 제공했다는 의혹

37 **성남FC 사건**. 2015년 당시 성남시장 이재명이 성남시 분당구 정자동 일대 두산그룹 등 기업들에 인허가를 제공하는 대신, 성남 FC 후원금 명목으로 두산으로부터 40억여 원을 후원하게 하고, 그 돈의 일부를 유용했다는 의혹.

의 신청을 해서 살아남은 거죠. 그래서 검찰 성남지청에서 그걸 다시 또 뭉개려고 했는데 차장검사가 사표를 써가면서 수사를 해야 한다고 버틴 거예요. 제가 그때 상황을 보면 그대로 기소해도 제3자 뇌물[38]로 무조건 인정이 된다고 봐요. 그런데 그 전 정부 때는 그런 것들을 막으면서 검수완박을 외친 거예요.

사안이 워낙 복잡하고 여러 가지 이야기가 나오니까, 사람들이 이게 뭔가 없나보다, 이재명이 왜 안 들어가지? 이렇게 생각하게 돼요. 돈 봉투는 300만 원이 갔다. 이렇게 나오잖아요. 근데 이건 돈 봉투가 직접 오간 게 아니에요. 50억 클럽[39]은 50억이 한 번에 왔다 갔다 한 게 아니고, 그때 대장동이나 이런 거 같은 경우는 수익을 만들어내는 구조 자체가 다른 거죠. 돈이 한 번에 오가는 게 아니고 저수지를 만들어 놓고 필요할 때마다 그때그때 정치자금을 풀어다 쓰는 건데, 일반 사람들은 알기 힘든 구조를 띠고 있어서 더 복잡하게 느껴지는 거예요. 하지만 저는 처음부터 이건 너무나도 단순한 사안

---

38 **제3자뇌물수수죄.** 공무원 또는 중재인이 직무에 관하여 부정한 청탁을 받고 제3자에게 뇌물을 공여하게 하는 행위

39 **50억 클럽.** 대장동 개발 사업에서 화천대유로부터 '50억'의 금품을 약속받았다는 의혹을 받는 사람들. 곽상도 전 국민의힘 의원의 아들이 화천대유에 취업하여 퇴직금으로 50억을 받은 사실이 알려지면서 세상에 알려지기 시작했다.

이고 지금, 이 상태로 기소하면 무조건 유죄가 나온다고 이야기를 해왔고, 지금도 변함없어요.

이쌍규 : 대장동이 배임은 확실하다. 그러면 저수지 비자금 428억에 대한 것은 규명이 안 됐잖아요.

김 웅 : 그래서 그걸 아직 기소하지 않았죠.

이쌍규 : 비자금 규명이 안 되면 어떻게 되는 겁니까? 그냥 배임죄만?

김 웅 : 배임죄만 나올 수도 있고요. 지금 수사가 계속 미뤄지는 건 계좌 추적이 어려워서 그렇게 된 거 같아요. 계좌추적이 왜 어렵게 됐느냐면, 추미애 씨가 장관이 되고 나서 제일 먼저 증권범죄합수단을 없앴어요. 이 합수단이 하는 일이 뭐냐면 한국거래소 직원, 그다음에 무슨 증권사에서 나오는 사람, 채권시장에서 나오는 사람, 그다음에 예금보험공사 이렇게 사람들이 들어와요. 그러면 바로 그 자리에서 자금의 흐름을 추적할 수 있도록 계좌를 들여다볼 수 있는 시스템을 구축해서 운영하는 거예요. 그런데 그걸 추미애 장관이 없애버렸죠.

그걸 이제야 다시 복원하고 있는데, 시간이 걸리기 때문에 자금 추적이 정말 어려운 거예요. 예전에 보면 은행에서 현금을 인출 후, 백화점으로 가서 상품권으로 바꾼 다음, 그 상품권을 가져가서 카드깡을 하고, 이걸 CD(양도성예금증서)로 바꾸고 이런 식으로 하는 경우가 많았거든요. 그걸 추적한다고 예를 들어볼게요. 예금보험공사에 공문 보내서 3일 뒤에 내용을 받고, 증권계좌로 간 돈이 있으면 거래소에 또 사람 보내고, 이 사람이 그걸 가지고 택시를 타고 이동했으면 택시 번호 조회하고, 내린 곳에서 CCTV 돌려보고 이런 걸 다 하는데, 몇 달이 걸리거든요. 근데 지금은 합수단이 많이 복원되어서 결과가 나올 것 같고, 지금은 사실 구속영장을 청구하려고 배임죄로만 기소했거든요.

왜냐하면, 우리가 A, B 두 가지 범죄로 구속영장을 청구했다고 볼게요. 법원에서 하나는 확실한데 다른 하나가 애매하면 피의자의 방어권을 보장해줘야 하니까 구속영장을 기각하고 불구속 수사를 하라 해요. 그래서 확실히 인정되는 것만 일단 구속영장에 집어넣는데 배임죄는 누가 뭐래도 확실하게 인정이 되는 거니까 집어넣은 거죠. 그 안에서 돈이 어떻게 움직였느냐는 부분은 계속 추적을 해왔고, 거기서 3억을 받았네, 2억을 달라고 했네, 어쩌네, 이런 건 한꺼번에 모아서 나중에 같이 하겠죠.

이쌍규 : 그러면 성남FC는 제3자 뇌물죄라는 건가요?

김 웅 : 제3자 뇌물. 그 백현동 알선수재하고도 똑같아요, 그것도.

이쌍규 : 이 모든 사건의 범죄 주체는 공통적으로 이재명이다?

김 웅 : 이렇게 생각하시면 돼요. 건물 창고 안에 쌀이 있는데, 문이 3개가 있어요. 건물 문 3개를 다 열고 손수레를 끌고 가서 창고에서 쌀을 꺼내서 손수레에 실어서 가져가서 그걸 시장에 팔아먹었어요. 근데 손수레도 이재명 거고, 건물 열쇠 3개도 다 이재명이 가지고 있고, 창고도 이재명이 관리해요. 쌀을 팔아먹은 일당을 잡고 보니 이 사람들은 이재명한테 허락을 받아서 이 쌀을 팔아먹었다는 죄로 구속이 된 거예요. 이재명이 준 열쇠를 가지고 문을 열고, 이재명이 준 손수레를 들고 가서, 이재명이 열어준 창고에서 쌀을 꺼내서 훔쳤습니다. 라고 해서 구속이 된 거죠. 그럼 어떻게 빠져나갑니까? 법을 아는 사람이 봤을 때 이거는 못 빠져나간다.

전혜인 : 그러면 이재명 대표의 불체포 특권 포기 공약 철회를 지켜보면서 법조인으로서의 견해를 말해보신다면?

김 웅 : 불체포 특권이 상당히 논란이 되고 있잖아요? 이게 마치 무슨 특권이라고들 이야기하시는데, 이재명 대표가 그것을 활용하는 방식에는 비판의 여지가 있지만, 불체포 특권 자체를 우리 헌법에 규정[40] 하는 이유가 있습니다.

어느 사회든지 매우 극단적이고, 권위적인 정권으로 바뀔 가능성은 충분히 있는 거예요. 그 상황이 되었을 때, 민주주의를 위해서 싸울 수 있는 가장 첨병이 될 수 있는 것은 국회의원인 거죠. 국회의원들이 만에 하나 그런 폭압적인 정권이 들어서면, 그 정권과 싸우라는 의미에서 불체포 특권을 만들어 놓은 거예요. 그런 가치를 담고 있는 제도인데, 지금에 와서 이재명 하나 때문에 그 제도를 포기하고 그 제도가 마치 문제가 있는 것처럼 이야기하는 것은 저는 옳다고는 보지는 않아요. 그러니까 국회의원 개개인의 소신이 아무리 중요하다고 하더라도 헌법에서 만들어 놓은 그 절차에 대해서는 존중해야 한다는 거죠.

인제 와서 우리가 그걸 포기하면 도덕적이고, 포기

---

40 **헌법 제44조.** ①국회의원은 현행범인인 경우를 제외하고는 회기 중, 국회의 동의 없이 체포 또는 구금되지 아니한다. ②국회의원이 회기 전에 체포 또는 구금된 때에는 현행범인이 아닌 한 국회의 요구가 있으면 회기 중 석방된다.

하지 않으면 타락한 것이라고 얘기한다면 우리는 최악의 상황을 대비해 만들어 놓은 헌법 제도를 정치적 목적을 위해 훼손하는 것으로 생각해요. 그래서 저는 불체포 특권을 포기하겠다는 성명서에도 동참하지 않았습니다. 헌법이 더 중요하다고 생각합니다.

윤석열, 윤핵관, 국민의힘

"옳은 소리를 하고 쓴소리하는 것이
나한테 이득이 안 되는데도
그 이야기를 계속한다는 건 내가 옳다는 뜻이다.
그리고 그게 우리 당에 필요한 일이다."

전혜인 : 윤석열 정부는 국민의 어떤 기대를 안고 출범한 정부라고 생각하세요?

김 웅 : 누구나 알다시피 윤석열 대통령이 경제전문가랄지, 외교전문가랄지, 정치전문가랄지, 그런 분은 아니었기 때문에 그런 쪽에서의 능력을 기대하고 선택한 건 아니잖아요. 대통령한테 기대한 것은 공정? 그리고 통 큰 정치를 해줄 것이다, 정도를 기대했던 것 같아요. 하지만 그 기대가 깨지면서 지금 지지율이 바닥을 치고 있는 거고요. 외교에서 실수하거

나 그랬을 때는 지지율 그래프가 별로 안 움직였어요. 어차피 우리는 대통령에게 그런 걸 기대하지 않았으니까요. 그런데 이준석 대표 쫓아내고, '체리따봉' 날렸을 때[41] 지지율이 가장 많이 떨어졌어요. 국민의 기대감을 완전히 무너뜨렸다는 것을 여론조사가 보여준 거예요.

전혜인 : 그러면 반대로 기대에 부응한 부분은 뭐라고 생각하시나요?

김 웅 : 부응을 했는데 30%인가요? 굳이 찾아보자면 이재명 수사를 열심히 하는 것 정도 아닐까요? 정권 1년 차 때 30% 초반 찍는 것, 자체가 매우 어려워요. 국민한테 통 큰 모습을 보여주면서 대통령이 되었는데, 전혀 그런 모습이 안 보이니까 그렇게 되는 거예요. 그런 모습을 빨리 보여주셔야죠. 지금은 전혀 기대에 부응하지 못하고 있다고 봅니다.

이쌍규 : 체리따봉 사건부터 시작해서 전당대회 과정이 공정하지는 않았잖아요. 정의에도 부합하지 않았고.

---

41 이준석 당 대표에 대한 당원권 정지 징계가 이루어진 후, 약 2주가 지난 2022년 7월 26일 윤석열 대통령이 권성동 전 국민의힘 원내대표에게 보낸 메시지 중에서 이준석 전 국민의힘 대표를 "내부 총질이나 하던 당 대표"라고 표현하고 '체리따봉' 이모티콘을 보낸 텔레그램 메시지가 국회 사진기자단에 포착되면서 논란이 된 사건을 이야기하는 것.

지금 상황에서 정치평론가들이 그런 이야기를 하거든요. 대통령이 전혀 아무 생각이 없다. 자기의 의견을 다른 사람들하고는 절대 논의하지 않는다.

김 웅 : 진짜 이야기를 많이 하신다고 그러던데… 말을 줄이고 많이 들어야 한다고 모두가 공통으로 느끼고 있는 것 같아요. 국민이 가지고 있는 불만, 그리고 아쉬움이 그 지점이죠. 자기하고 지금까지 척隻을 졌던, 쉽게 말해서 본인이 '체리따봉'까지 날리면서 숙청했던 사람들한테 가서 대통령씩이나 돼서 미안했다. 나도 섭섭한 게 있어서 그랬는데 앞으로 잘해보자. 이런 식으로만 보여줘도 저는 국민이 대통령에 대해서 다시 한번 기회를 주실 거라고 봐요.

이쌍규 : 최근에 이준석 대표가 언론 인터뷰에서 윤 대통령에 대해서 이렇게 말을 했어요. 일단 자기가 볼 때 윤 대통령은 솔직하지 않은 것 같다. 두 번째, 당 대표를 자기 밑에 부하로 보는 거다. 그러니까 자기에게 사사건건 내부 총질하는 것으로 느끼고, 하극상을 하는 것으로 인식한다. 검찰총장 때 가졌던 수직적 개념에 익숙해져 있는 분이다. 이거에 동의하시나요?

김 웅 : 일리가 있다고 보고요. 당을 장악하겠다고 생각을

하시는 것 같아요. 그래야 하나둘씩 풀린다고 생각하는 것 같고요. 당을 장악해야 정치가 바로 세워질 수 있고, 국정 운영이 가능하다고 생각하는데 그거는 동반자의 개념이라기보다는 명령과 지시 그리고 복종의 관계인 거죠.

그런데 이제 약간 변명해보자면 정치를 시작한 지 얼마 되지 않아서 바로 대통령이 됐잖아요. 그 상황이 되면 사실 누구든지 간에 정치판의 진짜 참모습을 보기가 어렵습니다. 누구도 자기한테 사실대로 이야기를 잘 안 해주는 거 같고, 또 누가 와서 사실대로 이야기하면 그 사람에 대해서 이간질하고 배척하려는 사람들도 엄청나게 많이 나타나게 되거든요. 대통령은 지금 이전과 다른 전혀 새로운 세상에 와 있는 거예요. 20년 넘게 있었던 세상과는 너무나도 다른 세상에 와 있는 거죠. 그래서 지금 어떤 방식으로 움직여야 하는지를 알기 어려운 겁니다.

이쌍규 : 1년 정도를 하면 그 정도도 모를까요? 검찰총장까지 하신 분인데.

김 웅 : 반대로 이럴 수도 있어요. 정보가 넘쳐버리면 오히려 통제와 관리가 안 됩니다. 검찰총장 때와는 차원이 다르죠. 외교 문제, 남북 관계 문제, 경제문

제, 노동문제 등등이 동시에 들어오는데 자기가 모르는 분야들이다 보니 빠르게 학습은 해야죠. 국정운영이나 정치 문제도 신경 써야죠. 그럴 때는 주변에 유능한 전문가들이 제대로 된 정보를 전달해주고 그래야 하거든요. 그런데 정치인들은 그게 아니에요. 정치인들은 어디까지나 자기한테 유리한 정보만 취사선택해서 보내죠. 지금 대통령을 둘러싸고 있는 그 사람들이 전문가들이 아니고, 윤핵관들이라서 그런 거예요.

전혜인 : 그 윤핵관이라는 것은 실체가 있는 건가요?

김 웅 : 실체가 당연히 있죠. 그게 없다고 이야기하면 말이 안 되는 게, 전당대회 때 자기들이 그랬잖아요. '윤심이 당심黨心 이고 윤심이 민심民心 이다.' 그러면서 전당대회를 당심 100%를 반영하게 하였던 그 사람들이 다 윤핵관이죠. 어느 누가 보더라도 이렇게 되면 우리 당 망친다는 거 다 알아요. 그거 모르는 사람이 어디 있어요. 아무리 정치를 안 해봤어도 그게 우리 당을 망칠 것이고 총선을 망칠 거라는 걸 모르는 사람이 없어요. 그런데도 대통령에게 당심 100%로 가야 한다고 이야기하고 앞장선 그런 애들이 다 윤핵관이죠.

전혜인 : 여당의 여론조사 결과가 계속 좋지 않은 이유가 그러면 거기에 기인한다고 보시는 건가요? 다른 이유가 있다면 또 어떤 게 있을까요?

김 웅 : 제가 아까 그랬잖아요. 검찰이 국민한테 미움을 받는 이유는 무능해서가 아니고 검찰이 해야 할 본분, 원래의 역할을 안 했기 때문에 욕을 먹는 거예요. 우리 당이 안 되는 이유는 우리 당이 해야 할, 여당이 해야 할 역할을 못 하는 거예요. 그리고 야당은 정부나 여당이 잘못하면 반사이익을 얻습니다. 여당은 안 돼요. 여당은 야당이 아무리 잘못해도 반사이익을 얻을 수 있는 구조가 아니에요. 야당에서 무슨 돈 봉투 사건이 터지고, 이재명 대표의 어떤 비리 사건이 터지고 그런다고 여당의 지지율이 올라가지 않습니다. 여당의 지지율은 어디까지나 대통령이 국정운영을 어떻게 진행했느냐, 거기에 달린 것이지 반사 이익을 얻을 수 없어요. 그런데 우리는 지금도 여전히 야당 시절의 문재인 정부와 조국이 잘못한 걸 가지고 올라왔던 그 기억에 사로잡혀 있는 거예요. 그런데 그건 안 돼요. 야당 때는 몰라도 여당이 된 지금은 그거 가지고는 되지도 않습니다.

이쌍규 : 아까 윤핵관을 이야기하셨는데, 이준석 대표는 상대적으로 권성동 의원은 또 괜찮다고 이야기하더라

고요. 괜찮은 건가요?

김 웅 : 개인적으로 친하니까. 윤핵관이 다 나쁜 건 아니에요. 예를 들면, 저 같은 경우에는 유승민을 좋아하잖아요? 유승민이 옳다고 생각하고, 유승민한테 좀 더 많은 기회를 줬으면 좋겠다고 이야기를 하는 거잖아요. 그게 잘못된 건 아니잖아요. 권성동 의원이나 박성민 의원 같은 경우에는 윤석열 대통령이 좀 더 많은 일을 할 수 있을 것이라고 기대하고, 이 사람한테 좀 더 기회를 줘보자고 해서 지원을 해주고 지지를 해주는 거예요. 그것 자체는 잘못된 게 아니죠. 근데 문제는 뭐냐면, 잘못된 게 명백한 당심 100%라든지, 전당대회 개입이라든지 이런 것들을 앞장서서 추진하는 짓은 하면 안 되는 거죠.

이쌍규 : 장제원 의원이 앞장선 거 아닙니까?

김 웅 : 뭐 장재원 의원 혼자 다 했겠습니까?

이쌍규 : 장제원 의원을 대통령이 중용하는 이유는 무엇입니까?

김 웅 : 해답을 갖고 와요. 대통령이 원하는 해답을 가지고 가는 능력이 있어요. 그런 판단 능력이 뛰어나고 영민한 분이에요. 영민하니까 거기 있는 이른바 윤핵

관이라고 하는 사람 중에서 리더가 된 거죠. 나머지는 솔직히, 그 윤핵관 중에서 뒤에 따라다니고 있는 사람들 같은 경우에는 우리가 봤을 때 이 사람이 머리를 쓴다고 생각하지는 않지 않습니까? 그래서 저도 장제원 의원한테 가끔가다 이야기합니다. 그래도 장 의원님이 대통령한테 쓴소리도 좀 하고 그래야 하는 거 아니냐고 이야기를 계속하는 중이에요.

이쌍규 : 그러면 반응이 어떻습니까?

김 웅 : 거기(장제원)는 아주 저보다 한 수 위에요. '우리 김의원이 좀 도와줘야지. 내가 무슨 힘이 있어~' 이런 식으로 이야기하죠.

이쌍규 : 의원님께서 당에 비판적인 목소리를 많이 내시잖아요. 그러면 윤핵관들에게 어떤 식으로든 간에 공천권을 미끼 삼아 협박이나 회유, 이런 거 받아보신 적 있습니까?

김 웅 : 제가 워낙 말을 세게 해서, 위의 선배들이 약간 꼴같잖은 식으로 접근해 오면 바로 들이받거든요. 그게 좀 있어서 직접적인 회유나 협박이 들어오지는 않습니다. 그런데 예를 들어 우리 허은아 의원 같은 경우에는 진짜 엄청나게 괴롭혀요. 대놓고. 당신의 '안전'을 보장해 줄 수 없다. 이런 식으로 대놓고 이야기를 해요. 그리고 다른 기자들 앞에서 말도 안 되는 마타도어Matador 도 하시고...

이쌍규 : 안전이라는 건 공천을 이야기하는 겁니까?

김 웅 : 모르겠어요. 그분한테 제가 나중에 한 번 물어보려고요.

이쌍규 : 생명에 관계되는 건 형사적인 문제잖아요.

김 웅 : 그 정도까진 아니겠죠. 그런데 저한테는 그렇게 안 하는 이유가 몇몇 분이 와서 저한테 이제 꼴같잖은 그런 제안 같은 걸 했었어요. 키워주겠다. 당의 주류가 돼서 좀 잘하면 우리가 키워줄 수 있다. 그런

이야기도 하고 그래요. 그러면 저는 대놓고 그렇게 키워줄 수 있으면 의원님이나 크시지 왜 나를 키웁니까? 이렇게 얘기하거든요. 그 뒤로는 이제 질려서 서로 사람 취급 안 하고 그러고 사는 거죠. 근데도 물밑에서는 엄청나게 괴롭히려고 하는 것 같아요. 물밑에서는 조직적으로 괴롭히고 그런 게 있어요. 다음번에 출마를 안 한다더라, 저기에 다른 누가 출마를 한다더라, 이미 공천은 끝났다더라. 이런 식으로 지역에서 믿었던 사람들도 그렇게 말을 만들어서 퍼뜨리고 있고. 제 예상인데 아마 그쪽 사람들이 이준석 대표에게 썼던 방식과 똑같은 방식을 저한테 쓸 거 같아요.

이쌍규 : 공격의 패턴이 똑같을 거라고 말씀하시는 건가요?

김 웅 : 그러니까 윤리위원회나 이런 걸 동원하기보다는 고소, 고발 사건을 억지로 만드는 거죠. 이준석 대표 같은 경우도 성 상납 아니라고 인정받는데 거의 무고식으로 해서 기소 의견 송치를 한 다음에 날렸잖아요.

이쌍규 : 의원님에게 지금 고소, 고발된 건이 있습니까?

김 웅 : 저는 많죠. 누군가는 저보고 민주당하고 싸운 적이 없다고 하는데 우리 당 의원 중에서 고소, 고발을

제일 많이 당한 의원이 접니다. 제일 많이 싸웠고, 저도 그 사람들을 많이 고발했고요. 근데 고발은 개인으로 고발한 게 아니고, 공명선거본부단이라는 걸 만들어서 치열하게 싸웠죠. 그래서 고소, 고발이 엄청 많습니다. 근데 저는 고소, 고발하면 기본적으로 서울 본청에서 반부패 수사대 이런 데서 수사를 하고 있어요.

이쌍규 : 검사 출신인데 좀 봐주겠죠.

김 웅 : (웃음) 검사 출신이라고. 그렇게 따지면 곽상도 의원도 검찰에서 구속했습니다. 법원에서 무죄로 해버린 거지. 그런 상황이기 때문에... 글쎄요, 봐줄까요? 막말로 정권이 바뀌기 전에는 공수처뿐만 아니라 검찰 쪽에서도 공격을 많이 받았었거든요.

이쌍규 : 지금은 여당 의원이시니까 윤석열 정부의 공과와 함께 가야 하는데, 불편함은 없으신가요?

김 웅 : 있죠. (웃음) 제일 억울한 게, 어찌 됐든 간에 저는 선거운동 기간 때 새벽부터 나가서 밤늦게까지 윤석열 대통령 당선을 위해서 싸웠거든요. 어떤 사람들은 대통령 후보 앞에서만 선거운동을 하고 그랬어요. 그러므로 일단 우리 지역 주민들에게 윤석열 대통령에 대해서 제가 책임을 져야 하는 거예요. 그

분이 잘못하면 다 제 잘못인 거예요. 내가 이 사람 뽑자고 했으니까. 그래서 누구보다도 잘 됐으면 싶은 거죠. 제 명예가 달린 거니까.

이쌍규 : 전망이 어떨 것 같으신가요?

김 웅 : 어려울 것 같아요. 그건 누구나 다 알지 않습니까? 세상에 절대라는 것은 없으니까 될 수도 있고 안 될 수도 있겠죠. 근데 지금까지 보여준 모습 가지고는 한 20% 정도의 가능성이 남아있다고 봅니다. 그냥 이대로 가실 가능성이 80% 정도..

이쌍규 : 그게 앞으로 정치를 하시는 데 지장으로 작용할까요?

김 웅 : 일단은 우리 지역구 주민들에게 설명해 드려야죠. 우리가 맨날 얘기하는 게 '그렇다고 이재명을 찍으란 말이냐?'고는 하지만 그것은 정치인이 해야 하는 말이 아닌 거예요. 어찌 됐든 간에 저도 여당이고 국회의원이면 대통령께서 국민이 바라는, 그리고 정말로 사랑받을 수 있는 대중정치인으로 만들어 드려야죠. 그게 제 역할이겠죠. 하지만 그걸 위해서 저는 계속 극소수로 혼자 이야기를 하는 거예요.

저 개인적으로는 그냥 '대통령 만세! 진짜 정치 천재 나셨다!' 이러고 "'바이든'이 아니고 '날리면'이 맞습니다!' 이러면서 이번에 '일본 외교 천재십니다!' 이러면 저야 잘 되겠죠. 검찰 출신이고, 얼마나 예뻐해 주시겠어요. 잘해 주시겠죠. 근데 그렇게 해서 제가 좋은 자리 얻고, 다음번에 공천을 얻고 그러면 그게 뭐예요. 그런 정치는 한둘이 아닌데.

우리 지역구 의원들도 저한테 '왜 자꾸 대통령한테 쓴소리하느냐?' 물으면 저는 이렇게 얘기를 해줘요. '그러면 쓴소리한다고 저한테 이득 되는 게 뭐 있냐? 내가 이득 보는 것이 아니지 않느냐? 그러면 나는 진심이지 않겠느냐? 그리고 당신들도 내게 쓴소리한다고 하지 틀린 소리 한다고 하지 않지 않느냐?' 옳은 소리를 하고 쓴소리를 하는 게 나한테 이득이 안 되는데도 그 이야기를 계속한다는 건 내가 옳다는 뜻이다. 그리고 그게 우리 당에 필요한 일이다.

이쌍규 : 전혀 타협이 안 되는 거 아닙니까? 의원님이 계속 말씀하신다고 해서 개선이 되거나 바뀔 가능성이 있을까요?

김 웅 : 아니죠. 그렇게 생각할 수도 있지만, 저는 그렇지

않아요. 아예 고쳐질 수 없을 거로 생각하면 제가 뭐 하러 쓴소리를 계속합니까? 쓴소리할 필요도 없죠. 그냥 가만히 있으면 돼요. 가만히 있으면 송파 갑, 이 좋은 데서 다음번에 또 한 번 잘해볼 수 있겠죠. 그런데도, 아무리 희망이 작아도 노력해야죠. 당을 고쳐보고.

전혜인 : 그러면 이제 야당 의원 시절의 김웅에게 여당 의원이 되기 전에 꼭 준비하라고 말하고 싶은 게 있으시다면?

김 웅 : 용기 같아요. 야당일 때는 그 정도의 용기가 필요하지 않은 것 같아요. 야당일 때 여당과 정부의 대통령과 맞서 싸우는 용기가 한 10이라면, 여당이 됐을 때 여당의 주류와 대통령의 방향에 대해서 아니라고 할 수 있는 용기는 한 1,000 정도는 되는 것 같아요. 그 용기가 필요해요. 옛날에는 동지가 있었는데, 지금은 동지도 없잖아요. 그래서 외로운 싸움을 하게 되는데 용기가 제일 중요하죠.

이쌍규 : 그러면 요즘 고민이 많으시겠어요? 내가 왜 정치를 하고 있는가에 관한 생각도 많고.

김 웅 : 두세 달 전에는 고민이 많았었는데, 지금은 좀 깨끗하게 정리되었어요. 안 되는 것에 대해서는 안 된

다고 너무 지치지 말고 내가 할 수 있는 바를 다 하자. 내가 노력해서 꼭 되는 것은 아니지만 세상의 분위기가 바뀌면 또 바뀔 것이다.

대통령이 워낙에 지지율에 민감한 분이라 본인이 느끼는 고통은 더 심할 거예요. 자기는 진심으로 잘 해보려고 하고 있고, 이렇게까지 노력하는데 왜 안 될까? 그런 생각을 자꾸 하다 보면 자꾸 옆에서 껄떡대는 저놈은 다른 사람들과 달리 왜 계속 저런 식으로 나올까? 유승민도 쉽게 말해서 나한테 와서 응원도 해주고, '윤석열이 뭘 잘못했냐, 윤석열이 최고다' 이러고 다녔으면 장관 자리도 주고 그럴 텐데. 왜 혼자 저기 나가서 싸우는 걸까? 그걸 한 번 생각해주시면 또 달라질 수도 있지 않을까요?

이쌍규 : 그렇다면 지금 당내 개혁에 있어서는 소수파시잖아요. 그러면 이 소수파가 다수파가 돼야 바뀌는 건데, 지금 상황에서 국민의힘이 어떻게 바뀌어야 한다고 생각하시는지?

김 웅 : 당내 권력을 잡아야 해요. 그게 제일 중요해요. 우리 당은 위에서 어떻게 리딩leading을 하느냐에 따라 많이 달라졌거든요. 그러니까 의원들의 숫자가 저렇게 많아도 그 숫자에 대해서 두려워해서는 안

돼요.

옛날에 오세훈 시장과 나경원 대표가 서울시장 선거 경선에 붙었을 때는 우리 당 초선 의원들이 거의 나경원 대표 편이었어요. 근데 저는 오세훈이 되어야 선거에서 이길 수 있다고 해서 오세훈 시장을 도와줬어요. 오세훈 시장이 우리 당내 경선을 이기고 나서 안철수 후보하고 후보 단일화를 하자고 했을 때, 우리 당 초선의원의 대부분은 오세훈 후보보고 물러나라고 이야기를 하려 했어요. 그때도 저희는 몇 명 안 되는 사람들이었지만 끝까지 그게 무슨 소리냐, 우리 당의 후보를 우리 당에서 지원해야 한다고 끝까지 붙어 있었어요. 그때 나경원에게 붙었던 사람들이 결국 전당대회 때 나경원에 대해서 그렇게 입에 담을 수 없는 험한 말을 해가면서 연판장 돌리고 그랬던 사람들[42]이에요.

이러한 경험을 해봤기 때문에 그 사람들이 50명이 됐든, 100명이 됐든 별로 두렵지 않은 거예요. 이

42 나경원 전 국민의힘 의원이 2023년 국민의힘 전당대회에서 당 대표 출마를 고심할 때, 국민의힘 초선 의원 50명이 성명서를 통해 나 의원의 출마를 공개적으로 비판한 사건. 성명문에는 "대통령을 위한다면서 대통령을 무능한 리더라고 모욕하는 건 묵과할 수 없는 위선이며, 대한민국에서 추방돼야 할 정치적 사기 행위"라는 문구가 포함되어 있었다.

사람들은 어차피 시류에 따라서 움직이는 거다. 이 사람들이 이리 가나, 저리 가나 그것에 따라서 움직이면 안 되는 거고, 리딩 방향만 제대로 잡고 이대로 가자고 계속하다 보면 언젠가 기회가 온다는 거죠.

나는 왜 정치를 하는가?

**"지금보다 사회적 안전망이 좀 더 갖춰져야 하고,
사회적 불안이 해소되어야 하고,
이를 통해 공동체를 유지해야 하고,
출산 문제도 해결해야 한다고 생각한다면
밖에서 무슨 일을 해나가는 것보다
정치를 통해서 하는 게 제일 나은 거예요."**

전혜인 : 혹시 정치를 시작하기 전의 의원님에게 '정치는 이런 게 아니라, 이런 것이다.'라고 한마디 해줄 수 있다면 어떤 말을 해주고 싶으신가요?

김 웅 : 〈나비〉라는 시가 있죠. 위에서 바라봤을 때는 이게 청보리밭인 줄 알고 뛰어들었는데, 정말 차디찬 바다더라. 이게 밖에서 보는 거보다 훨씬 더 무서운 전쟁터 같아요. 그리고 자기 자신을 지키는 게 정말

어려운데, 나와 우리 가족이 잘나갈 수 있는 길이 금방 보여요. 정치에 대해서 어떻게 내가 개인적으로 이득을 얻을 수 있는가 하는 것들이 다 보인다고요. 어렵지도 않아요. 그런데 그것으로부터 나를 지켜야 한다고 계속 다짐해가며 나 자신과 치열하게 싸우는 거죠.

전혜인 : 힘들더라도 뚜벅뚜벅 걸어가겠다. 그러면 국회의원들에 대해서 국민이 오해하는 것이 있다고 한다면 어떤 게 있을까요?

김 웅 : 국회의원들이 생각보다 부지런해요. 부지런한 것 하나는 제가 진짜 인정합니다. 오히려 저는 국회의원 중에 정말 게으른 편에 속하죠. 하위 10% 중 하나라는 생각이 들고요. 또 일반 국민과 비슷한 감정이 있어요. 저 사람들은 뭔가 유별난 존재일 것으로 생각하면 그건 아닙니다. 똑같아요. 분노할 땐 똑같이 분노하고, 슬퍼할 때 똑같이 슬퍼하고... 그런데도 이상한 행동을 하는 거는 대부분 공천권과 관련된 구조적인 문제에서 비롯되는 거예요. 이 구조가 문제인 거예요. 공천제도가.

이쌍규 : 지금 그렇다면 상당히 어려운 상황 속에서도 국회의원 재선을 준비하고 계신 거잖아요. 정치를 계속

하시려는 이유가 뭡니까?

김 웅 : 유승민 대표가 쓴 〈나는 왜 정치를 하는가?〉라는 책이 있어요. 제일 어려운 주제를 가지고 쓴 책이에요. 저는 어떻게 생각하냐면 우리가 아무리 욕을 얻어먹고 해도, 세상을 바꿀 수 있는 가장 좋은 무기가 정치인 거예요. 개인이 어떤 세상의 흐름과 물줄기를 바꿔낼 수 있는 유일한 힘이 '정치'인 거죠. 예를 들어, 지금보다 사회적 안전망이 좀 더 갖춰져야 하고, 사회적 불안이 해소되어야 하고, 이를 통해서 공동체를 유지 시켜야 하고, 출산 문제도 해결해야 한다고 생각한다면, 밖에서 무슨 일을 해나가는 것보다 정치를 통해서 하는 게 제일 나은 거예요.

미국에서 신혼부부에게 주택자금을 90%씩 대출을 해주는 법안을 만들었는데, 그런 일들을 통해서 중산층을 만들어낼 수 있는 거죠. 그런 성공사례들을 보면서, 세상을 바꾸는 가장 좋은 방법이 정치라는 생각이 들거든요. 어쩌다 보니 제가 여기까지 왔는데, 여기에서 현실적인 벽이 높다고 해서 그냥 나 혼자 편하게 잘 먹고 잘살자. 버리고 가자고 하면 너무 후회될 것 같아요. 나중에 이 사회가 왜 이렇게 되었느냐고 할 때, 제가 누구 탓을 할 수 있겠어요? 내가 그 자리에 있었는데.

제가 우리 당을 바꿔보려고 하는 이유도 그 맥락이에요. 정치를 바꾸는데 가장 좋은 거는 정당을 바꾸는 거예요. 현대 대한민국 정치의 90%는 정당이하므로 당이 바뀌어야 하는 거죠. 좋은 정당이 되면, 좋은 정치인이 많이 배출되고, 좋은 사회가 만들어지겠죠. 이게 어려운 일이기도 하지만 또 그렇게 어려운 것만은 아닌 것 같아요.

이쌍규 : 우리 정치의 가장 큰 문제점은 뭐라고 생각하시나요?

김 웅 : 정치가 실종된 거죠. 모든 사회갈등의 마지막 해결은 정치가 해줘야 해요. 그런데 우리나라는 언제부턴가 그걸 고소, 고발을 통해 해결하려 하죠. 예를 들어, 제가 축구 감독이에요. 축구 감독이면 전략 전술을 어떻게 짜야 하느냐? 선발진을 어떻게 하고, 공격수를 누구를 세우고 이런 것들을 감독이 결정을 해줘야 하는데 직접 결정을 하는 게 아니라 어디 선수 징계위원회 같은 데를 찾아가서 검사나 판사한테 물어보는 거예요. 그러면 감독이 할 게 없잖아요. 그래서 응원이라도 하는 거예요. 그러면 사람들이 어차피 감독이 할 것도 없는데 나와서 춤이라도 추고 쇼를 하니까 그거에 열광하고. 정치가 점점 본질을 잃고 스펙터클로 넘어가는 거죠.

그래서 저는 정치가 원래의 역할. 갈등의 마지막 조정자 역할로 돌아가야 한다고 봐요. 그 역할을 하려다 보면 지금의 양당제도 깨야 하고, 소송 제도도 좀 바꿔야 하고 헌법의 몇 가지 낡은 구조도 바꿔야 하고, 이런 것들이 나오겠죠.

이쌍규 : 지금의 양당제도를 깨야 한다고 말씀하셨는데, 그러면 총선 전에 정계 개편이 일어나서 제3당이 출현할 가능성에 대해서는 어떻게 생각하십니까?

김 웅 : 지금의 시점에서는 쉽지 않아요. 일단, 제3당이라는 것이 소선거구제[43]에서 어렵고요. 거대양당에 대한 피로감과 불신 외에도 몇 가지 조건들이 갖춰져야 해요. 우선, 대선에 나올만한 대장 주가 있어야 해요. 대선 후보급 인사를 중심으로 뭉쳐야 하는 거죠. 그리고 그 인물과 세력을 뒷받침할 철학과 정책이 있어야 하는 거죠. 여기에 더해서 어느 정도의 지역 기반도 있어야 하고요. 자금도 무시 못 해요. 지금 제3정당이나 제3 지대를 만들려고 했던 시도를 보면 과거에 정주영 후보가 돈으로도 한번 해봤었고, 문국현 후보가 이미지로도 해봤고, 안철수 후보가 대중적인 인기로도 해봤는데 다 실패했었어

43 **소선거구제(小選擧區制).** 하나의 선거구에서 1명의 후보를 뽑는 선거 제도.

요. 그 세 명도 못 한 것을 단기간에 해낼 수 있다고 생각하기는 쉽지 않죠. 궁극적으로 선거법 제도가 바뀌어야 조금이라도 가능성이 생기는 것이지 현재의 소선거구제하에서 제3 지대를 만들어내는 것은 거의 불가능하다고 봅니다.

이쌍규 : 그렇다면 의원님께서 말씀하시는 변화는 국민의힘 내부에서 이루어져야 할 텐데 그것이 가능하다고 보시는 거죠?

김 웅 : 한 번 보여줬잖아요. 우리는 어찌 됐든 간에 원외 30대 인사였던 이준석을 당 대표로 한 번 세워본 당이에요. 그때 국민을 상대로 사기를 쳤든 어쨌든, 성공할 수 있다는 것을 그때 알게 된 거예요. 비록 지금 그 반동적으로 움직여서 반대쪽으로 강하게 넘어갔지만, 우리 당 지지층은 누구보다도 간절히 원하는 것 중 하나가 승리입니다. 이대로 가면 못 이긴다는 것을 알기 때문에 꼴 보기 싫어도 어쩔 수 없이 개혁보수들이 요구하는 방향으로 갈 수밖에 없어요. 그래야 이길 수 있거든요.

그거를 인정하지 못하는 사람들이 현실 부정을 하다 보면 부정선거라는 것을 들고 오는 겁니다. 자신들의 주장대로 했는데 안 되니까 부정선거로 졌다고 믿으면서 마음의 위안으로 삼는 거죠. 그런데 자기들도 알아요. 부정선거가 말이 안 된다는 걸. 결국, 돌아올 수밖에 없는 겁니다.

이쌍규 : 돌아온다는 것은 의원님 공천도 걱정하지 않으신다는 말씀인가요?

김 웅 : 저는 뭐 크게 걱정은 안 해요. 아니, 솔직히 이대로 가서 우리 당이 내년에 총선을 어떻게 이깁니까? 총선에서 진다고 해서 제가 당장 죽는 것도 아니에요. 저는 그냥 밥벌이하고 살면 되는 거예요. 제가 안 된다고 해서 큰일 나는 건 아니지만, 총선에서 지면 가장 문제가 되는 것은 대통령이에요. 대통령과 그동안 그 옆에 붙어서 호가호위했던 사람들이겠죠. 그리고 우리 당원들일 것이고요. 그 꼴을 보지 않으려면 어떻게 해야겠어요? 확장성을 보여줘

야 해요. 여러분 우리 당에 아직 희망이 있습니다. 우리 당은 싫은 소리도 포용하고, 국민 여러분한테 잘못된 것은 잘못됐다고 이야기할 수 있는 당입니다. 이런 메시지를 어떻게든 전달해야 할 거 아니에요? 그런데 만약 저 같은 사람을 쓴소리 좀 한다고 그냥 날린다?

씁쓸한 현실이지만 총선 시기가 되면 국민은 딱 그때만 주인이 됩니다. 지금과 달리 그때부터는 엄청나게 엄격해져요. 조그마한 말실수 하나에도 의석수가 엄청나게 날아가기도 하거든요. 그런데 나날이 떨어져 가는 지지율을 가지고 공천도 그따위로 해버리면 살아날 수 있을까요?

이쌍규 : 결국에는 공천을 줄 수밖에 없을 거다?

김 웅 : 경선이라도 붙이겠죠.

이쌍규 : 경선을 붙이면 조직 활동은 잘하는 편입니까?

김 웅 : 아니요. 기존의 방식에 의한 조직, 지역구 조직은 안 합니다. 지역구 관리는 전혀 하지 않아요. 그래서 우리 당의 아스팔트 우파라고 하는 분들은 바로 대놓고 김웅 쫓아내야 한다고 말씀을 많이들 하시죠. 하지만, 그분들의 숫자 두 배만큼 중도에서 저

를 지지해주세요. 그걸 언제 느끼냐면 길거리에 나가서, 건널목에 서서 출근 인사를 해보면 느껴요. 저 사람들은 과거에 나를 안 찍었지만, 나에 대해 작게나마 관심과 응원을 보내주시는구나 하고요. 물론, 이것도 제가 저 유리한 쪽으로 생각하고 말하는 거겠죠. (웃음)

전혜인 : 그러면 국민의힘이 민심과 너무 멀어지지 않도록 의원님이 무엇을 더 잘해야 했다고 생각하시나요?

김 웅 : 아, 제가... (웃음) 솔직히 말씀드리자면, 그래도 다른 의원들과 지금보다 좀 더 친하게 지냈어야 했어요. 그래서 다른 의원들한테 가서 성질만 내지 말고 설명했었어야 했어요. 형님, 이렇게 가면 안 돼요. 형님, 진짜 이렇게 가면 안 됩니다. 형님, 바꿔야 합니다. 이걸 계속 얘기했어야 했는데 너무 화가 난 나머지 자리를 박차고 일어나서 욕을 많이 하고 그랬거든요. 그걸 좀 반성하고 있습니다.

이쌍규 : 원래 좀 '욱'하는 성격이신가요?

김 웅 : 아니요. 저는 진짜 남이 되게 어려운 사람이에요. 식당 같은 데를 갔을 때 음식이 잘못 나와도 종업원분이 민망해하실까 봐 그냥 잘못 나온 음식도 그냥

말없이 먹는 스타일이에요. 남이 어려워서 어디 가서도 남한테 말도 함부로 잘 못 하고요.

그런데 저는 그렇게 생각해요. 이 자리가 와서 보니까 남들이 생각하는 것보다 훨씬 중요한 자리더라고요. 그러다 보니 남들이 인정하든 말든 저 자신만은 어떤 사명감을 가져야 한다고 느꼈어요. 그냥 두루두루 잘하고 친목질하고 그러면 나중에 나와서 변호사 생활했을 때 좋겠죠. 하지만 아닌 건 아니라고 이야기하는 목소리가 우리 당에도 있어야 하잖아요. 그 역할을 제가 하고 있을 뿐이죠.

이쌍규 : 정치인들이 민생 정치民生 政治, 민생정치 그러는데 대체 민생정치가 뭐라고 생각하시나요?

김 웅 : 저희가 민생정당, 민생정당 이럴 때 제가 가장 강하게 비판했었어요. 민생정치라고 이야기하는데, 민생이 아닌 정치가 어디 있습니까? 정치 행위 자체가 민생을 위한 행위예요. 민생의 반대말은 왕생이고요. 왕생 정치가 어디 있어요? 그냥 우리가 정치하는 이유는 사람들이 편하게 살고, 희망을 품고 살고, 이 공동체가 나에게 유리하다고 생각하게 만들기 위해서 하는 거잖아요. 그렇다면 민생民生 과 정치政治 는 같은 거죠. 동어반복. 그래서 저는 민생

정치라는 것은 동어반복이라 사용하면 안 되는 거라 이야기합니다.

이쌍규 : 아까 조국 사태에 관해서도 이야기를 해주셨는데, 의원님께서 생각하는 '정의正義'란 무엇입니까?

김 웅 : 정의와 관련해서 가장 와 닿았던 건 아리스토텔레스가 한 말입니다. '같은 것은 같게, 다른 것은 다르게. If it is same, make it same and if it is different, make it different.'

이쌍규 : 노동복지를 통한 보수의 확장도 이야기하셨는데, 그러려면 정치가 바뀌어야 하잖아요. 어떤 대안이 있습니까?

김 웅 : 정치를 바꾸기 위해서는 정당을 바꾸는 게 가장 중요하죠. 제가 당 대표 선거에 나서면서 네 가지를 제시했었습니다.

첫 번째는 시스템 공천을 하자. 공천권을 당원들하고 국민에게 돌려주자. 모든 정치가 왜곡된 건 공천 때문이더라.

두 번째는 청년 정당을 만들자. 제일 중요한 건 현재가 만들어내는 미래에 책임을 지는 게 정치인데, 현재에서 미래를 살아야 할 사람들이 좀 더 많이 들어와야 한다. 이 사람들이 들어와야 우리 당이 뭔가 미래지향적인 투자를 하지 않겠냐. 이를 위해서 청년 기금을 100억을 만들어 청년 정치대학/대학원을 만들자는 이야기를 했죠.

세 번째는 정당의 구조 자체를 엔지니어링 정당으로 바꾸자. 정치도 이제는 뜬구름 잡는 게 아니고, 세상 사람들의 문제점, 어려운 것들을 고쳐주고 그래야 하는데 그러려면 데이터와 과학에 기반해야 한다는 것이죠. 개발팀을 만들어 놓고, 개발팀에서 정책도 만들고, 홍보자료도 만들고 그러는 거죠. 그러면 일관성을 갖춘 법률과 정책들이 만들어질 것 아니겠습니까? 그러기 위해서는 사무총장을 정치인 출신이 아닌 사업가 출신으로 해야 하겠죠.

그리고 네 번째는 지구당 활동을 합법화시키는 겁니다. 결국, 이런 모든 것들을 통해서 우리 정당이 바뀌면 민주당도 바뀌게 되어있어요. 경쟁해야 하니까. 그러면 당연히 정치가 나아지겠죠.

이쌍규 : 말씀하신 게 노동 개혁과는 어떻게 연결이 되나요?

김 웅 : 청년 정당을 만들면 노동 개혁을 할 수밖에 없어요. 청년들만큼 노동문제에 민감한 계층이 없거든요. 당장 먹고사는 문제, 사회에 진출하더라도 가장 낮

은 직급으로 시작해야 하는 사람들이 청년들이잖아요.

이미 영국에서 이런 사례가 있었어요. 1945년에 처칠의 보수당이 선거에서 아주 박살이 납니다. 처칠 수상이 전쟁은 잘 이끌었을지 몰라도 당시의 시대정신과는 거리가 먼 사람이었거든요. 최저임금법안에도 반대하고, 사회복지나 주거 문제에도 미온적이었고요. 그걸 요구하는 사람들을 빨갱이 취급했으니 말 다 했죠. 그렇게 처절한 패배 후에 보수당은 6년에 걸친 개혁을 감행합니다. 청년 보수당 운동을 통해 16만 명의 청년 당원이 들어오고 이들이 요구하는 노동정책과 복지정책을 적극적으로 받아들이기 시작했죠. 노동계와 보수당이 함께 협의체도 만들어서 〈산업헌장〉이라는 것도 발표하고요. 그런 6년의 노력 끝에 보수당이 다시 정권을 탈환합니다.

반면에, 현재 우리 당의 당원들이나 지지층을 보세요. 주력이 청년이 아닌데, 누가 노동문제에 관심을 두겠어요? 대부분 노동시장에서 은퇴한 사람들이잖아요. 필드에서 뛰고 있는 청년들의 목소리가 당에 들어와야 우리 당도 우리 당만의 노동 개혁 논의를 시작해볼 수 있겠지요.

이쌍규 : 결국, 국민을 위해서 일을 하시는 분이니까, 국민이 의원님을 잘 써먹어야 하잖아요. 국민에게 정치인 김웅을 잘 써먹는 방법에 관해 이야기해주시면 좋겠습니다.

김 웅 : 무엇보다도 관심을 많이 가져주셨으면 좋겠어요. 그게 긍정적인 쪽으로든 부정적인 쪽으로든. 제가 부족하면 언제든 말씀을 해주셨으면 좋겠고. 잘한다고 생각해서 응원해 주시면 더 좋고요. 제가 계속 변화를 말씀드리는데, 관심이 없는 곳에 변화는 일어나지 않거든요. 그러니까 김웅을 잘 써먹으시려면 김웅에 관심을 가져주시면 될 것 같습니다. 다시 말씀드리지만, 욕하셔도 괜찮아요. 다만 계속 관심을 가져주시면 저도 더 나은 정치를 할 수 있고, 당에 변화도 일으킬 수 있고, 그것이 정치의 변화로도 이어져서 대한민국이 변할 수 있는 시작이 될 수 있지 않을까 생각합니다.

인간 김웅을 소개합니다

'아빠, 아빠! 김웅이 천 원에 아침밥을 먹인대~
진짜 웃기고 있어.'
그러면 제가 그래요.
'야, 그거 당에서 시킨 거야!'

전혜인 : 다시 가벼운 개인 질문으로 들어가 보겠습니다. 대중에게 정치인 김웅이 아닌 인간 김웅은 어떤 사람이라고 소개하고 싶으신가요?

김 웅 : 명랑하고, 재미있는 사람이에요. 혼자 있어도 재미있게 잘 놀고요.

이쌍규 : 여기 계신 보좌관, 비서관들하고는 어떻게 지내십니까?

김 웅 : 우리 방에 있는 애들은 거의 극상의 개그 능력(?)을 갖추고 있어서 같이 있으면 하루하루가 그냥 시트콤이에요. 그 속에서 저도 에너지를 받고 활발하게 제가 하고 싶은 이야기들도 다 하는 거죠. 저는 이게 굉장히 이상적이라고 생각합니다.

전혜인 : 의원님에게 가족은 어떤 의미인가요?

김 웅 : 늘 미안하죠. 특히 아내에게는 진짜 미안해요. 아내는 정말 조용히 살고 싶어 하는 사람이거든요. 세상의 주목이나 이런 걸 정말 싫어하고. 그런데 그때 고발사주 터지고 이랬을 때 정말 고생 많이 했죠. 그래서 늘 미안하고... 나중에 정치를 그만두게 되면 그만큼 보상이 될 정도로 진짜 잘할 거예요.

이쌍규 : 자제분은 있으신지요?

김 웅 : 딸 하나 있어요.

이쌍규 : 스물셋.

전혜인 : 쉴 때는 주로 가족과 시간을 보내시는 편인가요? 아니면 취미가 따로 있으신가요?

김 웅 : 운동을 하든가, 책을 읽든가, 아니면 달리기를 하든가, 게임을 하든가... 그래서 아내가 저 혼자 논다

고 불만이 많죠.

전혜인 : 같이 함께 시간을 보내야 하는데...

김 웅 : 같이 함께도 많이 있어요. 가족 간에도 뭐라고 해야 하나, 격의 없이 지내고요. 우리 딸은 되게 재미있어요. 지나가다가 제 현수막이 이렇게 걸려 있으면 '와 김웅이다!' 이래요. 오면서 그래요. '아빠, 아빠! 김웅이 천 원에 아침밥을 먹인대~ 진짜 웃기고 있어.' 그러면 제가 그래요. '야, 그거 당에서 시킨 거야!' (웃음)

전혜인 : 그러면 인간 김웅에게 정치와 무관하게 가장 큰 시련은 무엇이었나요?

김 웅 : 제일 힘들었을 때... 동생을 잃었을 때가 제일 힘들었던 것 같아요. 가슴이 아팠고.

이쌍규 : 그때가 몇 살 때죠?

김 웅 : 11년 전.

전혜인 : 오늘 하루만 산다면 가장 먼저 하고 싶은 일은 무엇일까요?

김 웅 : 일단 아내를 찾아가겠죠.

전혜인 : 아까도 정치를 그만두시면 부인분과 시간을 보내시겠다고 하셨는데, 무엇을 하면서 시간을 보내실 생각이신가요?

김 웅 : 저요? 저는 어딜 가도 재밌게 잘 살 거예요. 뭘 해도. 그래서 저는 제 걱정은 안 해요.

이쌍규 : 마지막 질문인데 민도 높은 송파 갑 주민들에게 하실 말씀이 있습니까?

김 웅 : 저는 언제나 우리 주민들한테 감사하고 죄송한데, 제가 여러분께 드릴 수 있는 것은 자부심입니다. '세상 어느 지역에도 없는, 기개가 있는 정치인이 우리 지역구의 국회의원이다.'라고 할 수 있는 자부심을 드릴게요. 그리고 여러분이 선택한 국민의 대표로서 일도 열심히 하겠습니다. 감사합니다.

2부

기본에 충실하면 혁신이 된다

CHAPTER.02

기본에 충실한 보수주의

인터뷰어 : 정인성

정인성 : 정치는 몇 년도에 어느 정당에서 시작하셨죠?

김 웅 : 2020년 새로운보수당에서 처음 정치를 시작했습니다.

정인성 : 자신의 정치 성향을 어떻게 분류하십니까?

김 웅 : 흔히 말하는 개혁보수改革保守 겠죠. 보수인데, 노동과 복지를 중시하는, 그리고 협치에 무게를 두는 쪽이라고 볼 수 있습니다.

정인성 : 보수保守 와 진보進步. 우리나라에서는 각자가 무엇을 추구하는 개념이라고 생각하십니까?

김 웅 : 사실, 지금은 보수와 진보를 구분하기가 쉽지 않습니다. 외국처럼 낙태 문제나 게이 프라이드 문제처럼 접점이 확실하게 있는 것이 아니기 때문에, 우리

나라는 그게 쉽지 않은데요. 다만, 우리의 상황을 놓고 보면, 어떤 제도적인 개혁과 법률을 만들었을 때, 그걸 조금 더 숙려해서 진행하자고 하면 보수라고 볼 수 있고, 더 급진적으로 개혁을 하자고 하면 진보라고 보는 것이 맞지 않을까 싶습니다.

정인성 : 그렇다면 개혁보수는 무엇입니까? 개혁과 보수가 좀 앞뒤가 안 맞는 단어일 수 있다는 생각이 들 수 있을 것 같습니다.

김 웅 : 흔히들 그렇게 생각을 많이 하죠. 저는 보수주의에 있어 기본적으로 에드먼트 버크Edmund Burke[44]의 철학을 많이 참고하는데요. 에드먼드 버크가 이야기하기를 인간이 자유와 번영 을 누리고 싶으면 기존의 질서가 왜 만들어졌는지에 대한 이해가 있어야 하고, 그런 다음에 계획적이고 충분한 숙려가 이루어진 상태에서 변화가 이루어져야 가장 힘든 사

---

44 **에드먼드 버크(Edmund Burke).** 18세기 영국의 정치가, 경제학자, 철학자. 보수주의의 철학적 기틀을 마련했다는 평가를 받는다. 다만, 버크 스스로는 프랑스 대혁명 식의 급진적 개혁에 반대했을 뿐, 진보 성향의 휘그(Whig)당원이었고, 진보주의자를 자청했다. 그가 보수주의를 경멸했던 것은 당시 보수주의가 왕정을 옹호하며 기존 질서를 유지하고자 하는 수구주의에 더 가까웠기 때문이다. 물론, 그 또한 현대적 관점에서 보면 신분제를 옹호하는 등, 전통주의적 한계를 가진 인물이라 할 수 있지만, 시대상을 고려했을 때 기존 질서에 대한 이해를 기반으로 점진적인 변화를 추구한다는 점에서 '온건한 보수주의'의 태도를 갖춘 인물로 평가할 수 있다.

람들이 피해를 보지 않는다는 거예요.

예를 들면, 보수주의라고 하는 것은 '돌다리도 두들겨보고 건너자'라고 이야기하는 거죠. 왜냐하면, 돌다리가 무너질 수도 있는데, 만약 돌다리가 무너지면 건강한 사람들, 즉, 사회에서 기득권이 있는 사람들 같은 경우는 수영해서라도 빠져나올 수가 있을 거예요. 하지만 그렇지 못한 사람들, 노약자들, 경제적 약자들, 어려운 사람들은 돌다리가 무너졌을 때, 빠져 죽는 겁니다. 진보에서는 일단 건너가 보고 문제가 있으면 그때그때 고쳐나가면 된다. 두드려보고 건넌다는 것은 건너지 않겠다는 거 아니냐. 이렇게 보는 거죠.

하지만, 진보가 그렇게 생각하는 것도 이상하지는 않아요. 보통 우리나라에서 보수라고 한다면 수구에 가깝기 때문이죠. 그 사람들은 '돌다리를 왜 건너냐, 그냥 여기 있어도 되는데'라고 이야기를 많이 해요. 제대로 된 보수라 한다면 수사권 조정이 됐든지 양곡관리법이 됐든지, 임대차법이 됐든지 이 제도가 왜 만들어졌는지를 고민하고 그걸 바탕으로 해서 새로운 제도를 만들어서 어려운 사람들에게 도움을 주어야겠다고 생각을 해야 해요. 기본적으로 영국의 보수당이나 독일의 기민당(기독민주당)

같은 경우에는 항상 그런 식의 개혁과 변화를 추구했어요. 기본에 충실한 보수주의를 표방한 것이죠. 그래서 그 정당들이 지금까지 살아남은 겁니다.

다만, 우리나라의 보수는 변화 자체를 거부하는 수구의 모습을 보이기에 개혁보수라는 용어를 사용하는 것이고요. 결국, 개혁보수라는 것은 보수의 가치에 충실한 보수주의, 따뜻한 보수주의, 기본에 충실한 보수주의라고 정리가 될 것 같습니다.

정인성 : 우리 사회나 언론에서는 진보와 보수를 가치의 구분보다는 진영을 구분하는 데 활용하는 것에 대해 안타까움이 있으실 것 같습니다.

김 웅: 매우 안타깝죠. 정말 안타까운 게, 그런 개념의 구분이 없다 보니 어떤 논의가 진행되지 못하고 서로 공격하기 바빠져요. 아까 말했듯이, 돌다리도 두드려보고 건너자고 하면 '너는 건너지 않으려고 핑계를 대는 것이다'라는 식으로 공격하기 쉬운 것이고, 또 반대쪽에서는 '돌다리를 건너려고 하는 너는 무슨 음모가 있는 거 아니냐? 너 빨갱이 아니냐.' 이런 식으로 이야기를 하는 거죠. 진보와 보수의 가치가 인정되고, 보수와 수구가 구분되면 그것이 상대방의 성향과 태도로 인식이 될 텐데, 그 존중이 실종되는 거예요.

보수의 경우, 저는 영국의 보수당 예를 많이 듭니다만 영국의 보수당은 늘 개혁을 선도해 왔습니다. 저도 늘 이야기하는 것 중 하나가 우리 정당은 노동과 복지를 선도해야 한다는 거예요. 그건 제가 뜬금없이 하는 주장이 아니고, 영국 보수당과 독일 기민당이 늘 보여 왔던 모습이에요. 우리가 아는 사회보험이나 산재보험, 노령연금, 보험 같은 것도 그 시초가 독일의 비스마르크[45]에요. 1883년부터 1889

---

45 **오토 폰 비스마르크(Otto Von Bismarck).** 독일을 통일하여 독일제국을 건설한 프로이센의 정치가. 철혈재상鐵血宰相이라는 별명으로도 알려져 있다. 사회보장제도를 정립하는 등의 업적을 남겼지만, 장기간에 걸친 독단적 국정운영으로 독일정치

년 사이, 그 짧은 시기 안에 기본적인 사회보험제도를 만들었던 게 바로 비스마르크입니다. 가장 보수적이라고 할 수 있는 정치인이죠. 마찬가지로 영국에서 공장법이나 노동법의 개정을 이끌었던 것은 대부분 보수당이었어요.

이 사회를 지키고 공동체를 유지하고자 하는 보수주의 정당이라면 당연히 노동과 복지에 앞장을 서야 하는 거죠. 왜냐? 공동체가 무너질 때, 기득권을 가진 사람들은 그 체제를 무너뜨리려고 하지 않습니다. 공동체가 무너질 때는 그 공동체에서 가장 어려운 사람들, 불만이 많은 사람이 들고일어나서 체제를 무너뜨리게 됩니다. 보수주의라는 것이, 우리의 기본 체제를 유지하고자 하는 것이라면 그런 상황이 벌어지지 않도록 어려운 사람들을 위해서, 사회적으로 체제에 대한 불만을 줄이기 위해서 노력해야 하지 않겠어요? 그러므로 진정한 보수주의라면 이 공동체를 깨고 나가려고 하는, 즉, 원심력이 센 그 사람들을 계속 끌어안아야 하는 거예요. 그 사람들에 대해서 특별히 더 관심을 가지고, 돌봐야 하는 거죠.

에 불신과 파괴의 유산을 남겼다는 평가를 받는다.

아까 말씀드렸던 비스마르크가 그런 기본적인 사회보험제도를 들여왔을 때, 사회주의 혁명을 막으려고 하는 꼼수라는 이야기를 들었다고 해요. 그건 꼼수가 아니고 사회를 유지하기 위한 거죠. 예를 들어, 우리가 비타민C를 먹을 때, 그걸 괴혈병을 막기 위한 꼼수라고 이야기하지 않지 않습니까? 마찬가지로 사회를 유지하고 공동체를 유지하기 위해서는 이 사회에서 가장 어려운 사람들에게 희망을 줘야 하는 거예요. 그 사람들에게 디딤돌을 주고서 사회 안으로 들어오게 만들어야죠. 그래야 이 사회가 안 무너지죠.

그래서 영국의 유명한 보수주의 정치가 중에 퀸틴 호그[46]라는 사람이 이런 이야기를 했어요. '우리가 적절한 사회 개혁을 제시하지 못하면 저들은 사회 혁명을 들고 올 것이다. 그러므로 끊임없이 변화해야 한다.'

정인성 : 의원님 말씀에 의하면, 이제는 이념이 다르다는 것이 방향이 다름이 아니고 방법의 다름이라 볼 수 있겠군요.

---

46 **퀸틴 호그(Quintin McGarel Hogg).** 영국 대법관을 지낸 보수당 정치인. 1950년대 보수당의 부활을 이끈 인물 중 하나라는 평가를 받는다.

김 웅 : 이제는 그렇다고 봐야죠. 지금 같은 경우에 사실 어느 정당이든지 그렇게 큰 차이를 보이는 것은 아니라고 봐요. 과거에는 정말 이데올로기라는 전쟁터가 딱 정해져 있었었잖아요. 그리고 이제 거기에 대해서 내가 어떤 철학적인 바탕과 근본이 있느냐 라는 싸움이 됐다고 하면 지금은 이런 주제나 토픽에 대한 선호로 좌우가 갈리게 된 겁니다. 특히, 유럽이나 미국의 여러 정당을 봐도 이제는 계급의 문제라기보다는 특정 이슈에 대한 견해인 거죠. 환경, 원자력, 게이 라이트Gay Right, 게이 매리지Gay Marriage 이런 것들 있지 않습니까? 미국 같은 경우는 총기 규제 이런 것도 포함되겠지만, 그런 것들이 포괄적으로 어떤 이데올로기라고 보기는 어렵거든요. 개인의 선호가 개입되기 시작하는 겁니다. 개인의 선호라는 것은 이성의 작용이라기보다는 휴리스틱Heuristic[47]에 의한 게 많죠. 딱 보고 나는 이게 좋아, 나는 이게 싫어. 이런 게 있는 겁니다.

이데올로기의 시대가 가고, 휴리스틱의 시대가 오면서 정치에 있어서 감정의 대립이 격화되기 시작했다고 봐요. 휴리스틱에 의한 선호, 그 판단에 대

47 **휴리스틱(Heuristic).** 논리적이고 합리적인 의사결정이 아닌, 이전의 경험이나 주변의 단서를 통해 직관적으로 판단하는 것

한 공격은 사람들이 자기 자신에 대한 공격으로 받아들이는 경우가 많아요. 그래서 우리가 과거처럼 이데올로기의 대립이 아님에도 불구하고 정치진영 사이에서 감정적 대립이 격화되는 것은 결국 어떤 주제와 관련된 혹은 인물들에 대한 나의 선호의 문제로 귀결되기 때문에 발생한 게 아닌가 하는 생각이 듭니다.

정인성 : 사회가 파편화되고, 개인화되면서 점점 대중성이라는 것이 사라지고 있는데 그렇다면 사람마다 관심을 두는 주제도 달라질 거라 생각되는데요. 그렇다면 진보와 보수라는 진영이 모든 이슈에서 대립하기는 어려우니 진영의 효용도 그만큼 떨어질 수밖에 없겠네요?

김 웅 : 그렇죠. 지금은 누구나 알다시피 어떤 주제가 진보의 의제인지 보수의 의제인지 헷갈릴 수밖에 없는 상황이 되었어요. 그렇다면 어떤 의제냐의 문제가 아니라 그 의제를 분석하고, 제도적으로 해결해나가는 절차에서의 태도와 방향, 방식들이 점점 진보와 보수를 가르는 척도가 되어가는 것 같아요.

정치인은 무엇을 하는 사람인가?

정인성 : 지금은 직업이 국회의원이시고, 정치인이시니까 여쭙겠습니다. 정치인은 무엇을 하는 사람이라고 소개하고 싶으신가요?

김 웅 : 정치인이라는 걸 저는 이렇게 생각합니다. 정치인政治人 과 정상배政商輩 를 구분해야 하는데요. 정상배는 과거에 영향을 받아서 현재를 위해 사는 사람들이고, 정치인은 현재가 만들어내는 미래를 위해서 사는 사람들인 것 같아요. 결국, 정치인은 궁극적으로 '방향을 제시하는 사람'이 아닌가...

우리 사회가 어느 쪽으로 갈 것인가에 대한 방향을 제시하는 것이 정치인이라고 저는 생각해요. 예를 들면, 전세 보증금 사기 사건이 일어나지 않습니까? 이런 걸 어떻게 해결할 것인가는 기술적인 부분인 거죠. 행정적으로 다 해결이 가능한 겁니다. 하지만 과연 부동산 문제는 어떤 방향으로 가야 우리 사회를 위하는 것인가. 공유의 방식으로 갈 것인가, 사유화로 갈 것인가. 어떤 방식을 택할 때 세금 부과를 통해 시장을 유도할 것이냐, 아니면 공공성 강화로 해결할 것이냐. 그런 부분들에 대한 방향을 제시하는 역할을 하는 것이 정치인이라고 봅니다.

정인성 : 그렇게 좋은 일을 하시는데, 국민은 왜 정치인들을 이렇게 차갑게 바라볼까요? 의원님의 책 〈검사내전〉을 재밌게 읽었는데, 거기서 '사기의 공식'이라는 부분이 많이 회자가 됐잖아요. 인용해보자면...

> 사기詐欺 의 첫 번째 공식은 피해자의 욕심을 자극하는 것이다. 보이스피싱처럼 이성을 마비시키는 사기를 제외하고, 대부분의 사기는 피해자의 욕심을 이용한다. (중략)
>
> 사기꾼은 없는 사람, 약한 사람, 힘든 사람, 타인의 선의를 근거 없이 믿는 사람들을 노린다. 이것이 사기의 서글픈 두 번째 방식이다. (중략)
>
> 어설프게 아는 것은 사기(에)당하는 지름길이다.

사기의 세 번째 공식이다. 나름대로 알아보는 것은 알아내는 것만도 못하다. 주변의 지인이나 인터넷 검색으로 얻은 정보는 없느니만 못하다.

여기서 '사기'라는 단어를 '정치'로 치환했을 때, 대중들이 정치인들에게 느끼는 감정이 나타나는 것 같습니다. 폴리틱스Politics 라는 것이 물론, 우리나라에서만 부정적으로 쓰이는 단어는 아닐 거예요. 하지만 이런 대중의 부정적인 시선에서 벗어나기 위해서라도 정치인이 가져야 하는 기본적인 태도는 무엇이라고 생각하십니까?

김 웅: (웃음) 제가 국회에 들어와서 보니까, 제가 말씀드린 정치인이라고 구분하는 사람은 10%가 채 안 되는 것 같아요. 대부분은 정상배죠. 대중으로부터 표를 얻어내는 게 가장 중요하고 당으로부터 공천권을 얻어내는 게 중요하다고 생각하는 거죠. 그 사람들 머릿속에서는 우리나라 부동산 문제를 어떻게 해결할 것인가, 부富 의 집중을 어떻게 해결할 것인가에 대한 문제를 대할 때 어떻게 하는 것이 내가 표를 얻는 방법인가, 어떻게 해야 당 지도부가 나를 예쁘게 볼 것인가를 먼저 생각하는 거죠. 결국, 자기 자신을 위해 살아가는 사람들이 온갖 특권을 누리고, 말과 행동이 수시로 바뀌는 모습을 보여주니 신뢰하기 힘들어진 거예요.

저는 정치인이라면 약간 몽상가夢想家 여야 된다고 생각해요. 표와 공천에서 자유롭기 어렵잖아요. 하지만 그런데도, 연금 개혁 같은 이야기를 할 줄 알아야 한다는 거죠. 우리나라가 미래에도 존속하기 위해서는 연금을 손봐야 한다는 것은 누구나 알고 있어야. 당장은 반발이 있겠지만, 다음 세대가 혜택을 보겠죠. 그러므로 오늘을 위해 사는 사람들은 저한테 표를 주지 않을 거예요.

제가 생각하는 정치인은 그런 사람이어야 한다고

생각합니다. 지금은 당장 나에게 이득이 되지 않음에도 다음 세대를 위해 미래의 우리 사회를 위해서 어떤 방향을 제시하는 사람. 그런 낭만이 있어야 하는 것 같아요. 그게 비록 오만일 수 있을지언정. 우리가 기억하는 낭만의 정치인들은 결국 우리 기억에 남는 정치적 태도를 남겼고, 후세를 위한 길을 닦았죠. 그분들은 다 여의도 정치에서 벗어나려고 했던 사람들이에요.

예를 들면 예전에 박정희 대통령 같은 경우도 그렇고, 김대중 대통령도 그렇고, 노무현 대통령, 노회찬 前 의원 같으신 분들. 그런 분들 같은 경우에는 어떻게 보면 좀 낭만이 있었잖아요. 그분들은 당장 눈앞에 보이는 표나 공천보다도 본인이 꿈꾸는 국가, 국민, 미래세대 같은 부분을 많이 생각하셨던 것 같아요. 그래서 어려움도 많았고... 결국은 좋지 못한 말로를 맞이했을지언정 국민에게는 어떤 희망으로 남았죠. 저는 그런 사람들이 진정한 정치인이라 생각해요. 반대로 그런 몽상가적 사고, 낭만적 사고가 없는 사람들은 결국 국민이 표와 공천에 따라서 기어 다니는 벌레처럼 기억하는 것이고요.

정인성 : 정치학을 전공하셨고, 법조계에 몸담으셨잖아요. 우리가 사회과학의 제1전제를 '인간은 합리적인 동

물이다'라는 것으로 시작을 하는데, 합리적이라는 것은 본인의 이해관계에 충실하다는 것일 것이고요. 그런 전제를 놓고 생각했을 때, 의원님께서 말씀하신 그런 몽상가적인 정치가 실현되기는 너무 어려운 일 아닐까요?

김 웅 : 못 이루어지죠.

정인성 : 정치하는 사람은 권력을 추구해야 하고, 권력을 얻기 위해서는 당선이 되어야 하고, 당선을 위해서는 공천받아야 하고, 정당이라는 것은 집권을 위해 존재하는 것이고… 그런 기본적인 틀을 벗어나는 정치를 말씀하시는 것인데, 의원님께서 공천권을 쥐고 있는 사람과 부딪혀 가면서, 혹은 민심과 대척점에 있는 나의 소신을 지켜가면서 어떤 가치를 추구하는 것이 과연 지속 가능한 행위인지를 놓고 고민이 될 것 같습니다. 지지자들의 응원을 받는 것과 세상을 바꾸기 위한 권력을 부여받는 것이 다르고, 추구하는 이상과 현실정치와의 타협이 어느 접점에서는 이루어져야 하지 않을까요?

김 웅 : 불가능해요. 불가능한 것은 맞습니다. 하지만 불가능해서 안 될 것 같으니까 그만두는 것하고, 불가능할 것 같아도 계속 도전하는 사람들이 나오잖아요.

제가 아니어도 계속 나오고 있고 앞으로도 계속 나올 겁니다. 우리 당이 됐든 민주당이 됐든. 기존의 어떤 잘못된 권력이나 질서에 대해서 끊임없이 도전하고 싸우는 사람이 나오잖아요? 그때는 그 사람들이 무너지고, 지는 것 같이 보여도 세월이 지나고 보면 결국 그 사람들이 주장했던 사회가 조금씩 조금씩 만들어져 가고 있어요. 인문, 사회과학의 전제에 반하더라도 실제 사람들은 그 전제에 반하는 행위를 하면서 살아간다는 거죠.

앞서 이야기한 사회과학도 끊임없이 진화해왔어요. 애덤 스미스의 경제학은 장기간에 걸쳐서 시장이 궁극적으로 문제를 해결해줄 거라 보지만, 또 시간이 지나고 케인스의 경제학이 만들어지고, 더 최근으로 오면 행동경제학도 탄생을 했죠. 행동경제학에 의하면 인간은 절대 합리적이지 않고, 절대 이성적이지도 않고, 정확한 계산을 할 수 있는 존재가 아니라는 이야기를 해요. 그렇다고 앞선 모든 이론이 다 잘못되었나? 그렇지 않아요. 우리의 경험과 데이터가 쌓이고, 어떤 사회적 진화를 거치는 과정에서 궁극적으로 모두를 위한 접점을 찾아가는 거죠.

저는 정치도 그럴 것이라고 봐요. 당장은 우리 정

치풍토가 권력 지향적인 것이 당연하게 여겨지니까 여당은 무조건 대통령 만세를 외침으로써 다음번 공천도 얻고 이러는 것이 맞는다고 생각할 수 있겠지만 그렇지 않다고 생각하는 사람들이 있거든요. 그 사람들이 바보같이 두들겨 맞고 망하는 것 같아도 한 10년, 20년 지나고 나면 그 사람들이 옳다는 것이 드러나는 시기가 올 겁니다. 그리고 그때는 그렇게 두들겨 맞던 사람들이 주류가 되어 있을 것이고요. 결국, 그 사람들이 싸워왔던 방향으로 세상이 바뀌어 나갈 겁니다.

정당정치와 의회정치 그리고 구조의 한계

정인성 : 조금 분위기를 환기하겠습니다. 의원님이 소속되어 있는 정당의 소개를 부탁드릴게요.

김 웅 : 국민의힘인데, 국민의힘 같은 경우에는 정말 많은 부침을 겪었지만 우리나라에서 명실상부한 보수주의 정당이고요. 우리 당의 강령이나 이런 내용을 보면 사실은 보수보다는 중도를 표방한다고 말씀드릴 수 있을 것 같습니다. 우리 당에서 많은 분은 과거 대한민국의 발전을 이룩했던 개발 시대 때의 추억을 많이 가지고 계시지만, 끊임없는 변화와 도전을 해왔고, 어찌 됐든 간에 30대 원외의 인물을 당 대표로도 뽑아봤던 그런 역동성 있는 정당입니다.

정인성 : 정치를 2020년에 시작하셨으니까 이제 4년 차이신데, 소속 정당이 세 번 바뀌었습니다.

김 웅 : 그렇죠.

정인성 : 각 당의 소개를 좀 해주시겠습니까?

김 웅 : 저는 원래 새로운보수당에 입당했습니다. 제가 새로운보수당의 1호 영입이자 마지막 영입이 됐었죠. 그런데 제가 사실은 수사권 조정에 항거해서 사직하고, 변호사 개업을 준비하다가 유승민 전 대표를 만났었어요. 유승민 전 대표가 정치를 좀 같이하자고 이야기했는데, 저는 그분이 상당히 진실됐다. 세상을 따라가려는 것이 아닌 그 흐름을 거슬러 한 번 맞서 싸워보겠다는 그런 투사의 눈빛 같은 걸 봤어요. 그래서 이런 새로운보수당이 없어지면 안 되겠다 싶어서 일단 입당을 했죠. 그런데 새로운보수당이 자유한국당과 통합을 해서 이제 미래통합당이 됐습니다. 미래통합당이 됐다가 선거에서 지고, 김종인 비대위원장이 들어와서 당명이 국민의힘으로 바뀌었죠.

정인성 : 국민의힘은 본인이 처음 들어왔던 새로운보수당과 같은 곳을 향하고 있다고 생각하십니까?

김 웅 : 아니오. 그건 아닌 것 같아요. 저는 우리 당이 가야 한다고 하는 방향이 정확하게 있습니다. 19세기 후

반, 영국 보수당의 벤저민 디즈레일리[48] 수상이 노동과 복지를 증진하고, 중산층을 키워서 만들어낸 빌라 토리이즘Villa Toryism[49] 을 예로 들고 싶은데요. 디즈레일리는 주거복지와 노동환경 개선, 가난한 이들에 대한 참정권 확대 등을 통해서 사회 안정과 보수당 지지층의 확대를 동시에 꾀했어요. 그런 시스템의 도입이 당장 효과를 발생시키지는 못했지만, 시간이 지나면서 중산층이 확대되었고, 결과적으로 도시 외곽에서 빌라를 짓고 사는 중산층들이 보수당인 토리당을 좋아한다고 해서 그걸 빌라 토리이즘이라고 했거든요. 사회적 안전망 확보가 중산층 확대로 이어졌고, 그 중산층이 영국 보수당을 지속 가능하게 하는 원동력이 된 것이지요.

전반적으로 김종인 비대위원장이나 그 뒤를 이은 이준석 당 대표가 그런 방향으로 당을 이끌어가고 있었다고 생각해요. 그러다 이준석 당 대표를 쫓아

48 **벤저민 디즈레일리(Benjamin Disraeli).** 19세기 영국 보수당의 대부代父 격으로 불리는 인물. 숙명의 경쟁자인 자유당의 윌리엄 윌리엄 글래드스턴(William Ewart Gladstone)과 함께 빅토리아 여왕 시기 영국정치를 이끌었다.

49 **빌라 토리이즘(Villa Toryism).** 교외 지역의 개인 저택들을 의미하는 빌라(Villa)와 영국식 보수주의를 의미하는 토리이즘(Toryism)의 합성어. 교외 지역에 거주하는 중산층이 보수당에 투표하는 현상을 빌라 토리이즘이라 부른다.

내고 들어온 세력이 그것을 다 뒤집어엎었어요. 그러면서 방향성을 상실해 버렸죠.

〈벤저민 디즈레일리와 빌라 토리이즘〉

벤저민 디즈레일리는 보수당으로 정계에 입문했지만, 기존 보수당의 당론과 많이 다른 모습을 보여왔다. 1837년 보수당 하원의원에 선출된 이후, 노동자들의 참정권과 보통선거를 바탕으로 한 의회민주주의의 실시를 요구하는 차티스트 운동Chartist Movement 에 동조했고, 자유무역을 내세우며 곡물법 폐지를 시도한 보수당 로버트 필 총리에 맞섰다. 산업혁명으로 경제적 양극화가 심해지는 상황에서 국가가 계급으로 분열될 위기에 처하자 보수당이 하나의 계급이나 집단의 이익을 대변하는 정당이 아닌 국민 모두를 위한 정당이 되어야 한다는 '하나의 국민one nation'주의, 이른바 '일국 보수주의'를 주창하며 영국 보수당의 혁신을 이끌었는데, 오늘날 따뜻한 보수주의 혹은 온건 보수주의를 논할 때, 그 기원을 디즈레일리의 일국 보수주의에서 많이 찾는다.

마크 트웨인에 의하면 디즈레일리는 다음과 같은 말을 했다고 한다. "세상에는 3가지 거짓말이 있다. 그럴듯한 거짓말, 새빨간 거짓말, 그리고 통계이다(There are three kinds of lies: lies, damned lies, and statistics)." 하지만 그는 선거법 개정과 같은 개혁을 추진할 때 통계학자 로버트 백스터Robert Dudley Baxter와 의논하였다. 디즈레일리는 1867년 제2차 선거법 개정을 주도하며 도시의 소시민과 노동자 계층,

일부 농촌 노동자들에게 선거권을 확대했는데, 새로운 선거제를 통해 보수당이 노동자들에게 손을 내밀면 그들의 지지를 받을 수 있을 것이라는 계산에서였다. 하지만 단순히 선거권 확대만으로 자유당을 지지하는 도심 노동자들의 마음을 돌리기에는 역부족이었고, 자신이 통과시킨 선거법이 적용된 첫 선거인 1868년 선거에서 패배하며 10개월 만에 정권을 내줘야 했다.

하지만, 그가 심은 씨앗은 1884년과 1885년에 걸쳐 이루어진 제3차 선거법 개정을 통해 지방 소작인, 농촌, 광산 노동자 계층에게까지 선거권이 확대되며 빛을 보기 시작했다. 새로운 선거법을 통해 디즈레일리는 5년 만에 정권을 재탈환했고, 각종 사회개혁 정책을 펼쳤다.

노동자 주거환경 개선정책을 통해 지방자치단체들이 낮은 금리로 노동자들을 위한 주택을 지을 수 있도록 하였고, 공장법을 개정하여 노동자들의 평화적 시위를 허용하였다. 또한, 공장주가 계약을 어기면 노동자들이 민사소송을 제기할 수 있도록 하는 노사법을 포함해 공공보건법, 식품 의약품 판매법, 교육법 등의 복지증진 법안들을 통과시켰다.

물론, 디즈레일리 본인의 정치철학도 반영이 되었겠지만, 이러한 일국 보수주의 정책들이 새로운 선거제와 결합하면 저소득층의 삶을 증진시키고 중산층을 확대함으로써 교외 지역에서 탄탄한 지지기반을 확보하는 한편, 도시 노동계층을 분열시킴으로써 자유당을 고립시킬 수 있을 것이라는 계산도 존재했던 것으로 알려져 있다. 그 결과 교외 지역의 중산층들이 토리당(보수당)을 강력한 지지층으로 자리 잡게 되었는데, 이를 빌라 토리이즘이라 한다.

방향성이 없다 보니 마구잡이로 이상한 정책들이 나오고, 정제되지 못한 발언들도 무분별하게 나오는 겁니다. 지향점이 상실되었으니까. 아니, 지향점이 개개인의 입신양명立身揚名을 위한 충성심 보여주기로 바뀌었으니까. 하지만 그런 상태는 오래가기 어려워요. 결국은 진정성을 갖고 목표를 제시하는 사람들에게 끌려올 것이라고 봅니다.

정인성 : 그렇다면 의원님께서는 그런 상태가 만들어진 것이 정당에 소속된 개인들의 문제라고 보십니까? 아니면 구조적인 문제가 있다고 보시나요?

김 웅 : 시스템의 문제라고 볼 수 있죠. 지금 우리 당에서 나타나는 이른바 막말 파동들, 국민 정서와 어긋나는 행동들. 이 모든 권력 구조가 당과 대통령을 향하게 만들어졌기 때문이에요. 전당대회에서 당심 100% 반영의 구조를 만들어 놓으니까 특정한 층에 대해서만 지지를 얻어내기만 하면 되는 상황이 만들어졌거든요. 대중정서나 민심을 신경 쓰지 않아도 되게끔 만든 겁니다.

우리나라 같은 경우, 소선거구제를 채택하고 있는데 여기에 당심 100% 반영을 한다고 하고, 당에서 정치인들의 목줄을 쥐고 있는 공천제도를 운용하고 있어요. 극단적 양당 체제에 양당이 지속해서 만들어온 지역감정까지. 이 모든 것들이 맞물려서 기성 권력의 구조를 공고화하는 것이죠.

제가 다음번에 재선하고 싶고, 또 정치인으로서 주목도 받고 싶고, 당에서 주는 좋은 자리도 가보고 싶으면 강하게 우리 당에 있는 극단적 지지층에 호소해야겠죠. 그 사람들한테만 잘 보이면 공천권은 받겠지만, 결국 우리는 중도로 가는 길이 사라져서 당 전체로 보면 선거에서 질 겁니다. 내가 이기더라도 당이 지게 되는 거예요. 그러거나 말거나 내가 이기고 보자는 쪽으로 판단하도록 시스템이 유도하고 있고요.

이건 우리 당만의 문제가 아니라 소선거구제의 양당 체제에서는 자기 소신을 표하기가 어렵습니다. 맞는 말을 하면 공천을 받을 수 없어요. 그 구조를 깨기 위해서 선거제도 개혁도 이야기되는 건데, 그 결정도 양당의 지도부가 하게 될 테니 두고 봐야겠죠. 하지만, 국민의 목소리가 개혁을 원하고 있다면 양당도 결국 국민의 목소리를 듣는 척이라도 할 겁니다. 당 지도부도 어느 순간에는 망해가는 것이 느껴질 것이기 때문에 다시 정상으로 돌아올 것이라 믿고요. 안 하면 망하는 거죠.

정인성 : 당내에 존재하는 수직적 구조에 관해 이야기하시는데, 국회의원 한 사람 한 사람은 결국 독립적인 헌법기관이잖아요.

김 웅 : 법적으로 그렇죠. 헌법기관이죠.

정인성 : 그 헌법기관으로서의 국회의원들 사이의 관계는 어때야 한다고 생각하십니까?

김 웅 : 우리는 지역의 대표가 아니고 국민의 대표입니다. 저는 51%의 표를 얻어 가지고 왔거든요. 그렇다면 송파 갑에 있는 주민 51%만 대표하면 되는 게 아니에요. 그 분들은 저를 대한민국의, 국민의 대표로서 뽑아준 거거든요. 그러면 당연히 일단은 대한민국 대표라는 게 우선할 수밖에 없는 거죠.

예를 들어 제가 FC서울의 미드필더를 하고 있다가 국가대표로 가게 되면 국가대표 선수로 뛰어야 하잖아요. 그런데 저기 수원 삼성 공격수가 있다고 해서 그 사람한테 패스를 안 주면 그게 말이 되나요? 그건 아니잖아요. 똑같이 국가대표가 되었으면 국가대표의 역할을 해야 하는 게 가장 중요하다고 보거든요. 그러므로 국회의원에게 있어서 협치 協治는 선택이 아니고 당연한 의무에요.

또, 우리나라 법에 보면 국회의원에게 여러 가지 특혜를 부여하고 있지 않습니까? 요새 문제가 되는 불체포 특권 같은 것도 있죠. 그걸 준 이유는 우리 사회가 정말로 위험한 상황, 독재나 권위주의적인 체제가 오더라도 굴하지 말고 싸우라고 부여한 거예요. 그걸 가지고 자기가 어떤 범죄를 저지르고 나서 거기에 대해서 써먹으라고 준 것이 아니고, 어떠한 상황에서도 국민을 위해서 싸우라고 만들어 준 겁니다.

그런 것들은 다 종합해보면 국회의원은 당의 대표도, 지역의 대표도 아닌 국민의 대표예요. 그 때문에 당에서 뭐라 하든, 지역에서 뭐라 하든, 국가 전체의 이익을 우선해서 생각하고 행동해야 하는 것이죠. 국회의원이라면 그래야 한다고 생각합니다.

정인성 : 그렇다면 입법부와 행정부 사이의 관계에서 여당이 행정부에 종속되는 모습을 종종 보이는데요. 그런 종속적인 관계가 형성되는 이유는 무엇일까요?

김 웅 : 일단은 우리나라가 대통령에게 너무 많은 권한을 부여해주고 있어요. 검찰권, 경찰권, 정보 수집권, 각종 인허가권 등등의 모든 권한을 대통령에게 다 집중시켜 놓고 있거든요. 권한이 많으면 많을수록 대통령을 쫓아갈 수밖에 없는 구조가 되는 거죠. 그래서 우리나라 대통령제 같은 경우, 그것을 개선하지 않으면 견제가 이루어지기 힘들어요.

지금의 우리 당 같은 경우만 봐도 윤석열 대통령이 정치적 기반이 전혀 없는 상태임에도 불구하고 전당대회에 윤심 논란을 일으킬 정도로 엄청난 영향력을 발휘했거든요. 그건 각종 특혜뿐 아니라 어떤 보복을 마음대로 할 수 있는 권한을 대통령이 모두 갖고 있다 보니 소신이 약한 정치인들이 거기서 자유로울 수 없게 된 거예요.

하지만, 대통령이 당을 장악해서 성공한 예는 없어요. 정말 당에 대한 컨트롤이 셌다고 하는 박근혜 같은 분들도 결국은 당을 장악해서 공천권을 자기 마음대로 휘두르다가 저렇게 된 것이고요. 지금 윤석열 대통령도 당정이 일체가 되어서 당은 대통령이 하고자 하는 것을 모두 뒷받침해야 한다고 하다 보니 지금처럼 뒷받침해 주는 정당이 없잖아요? 그런데 대통령과 정당의 지지율이 최악의 상황이 되었어요. 대통령에게 제대로 갈 수 있게 방향을 제시하고 이끌어주면서, 잘못된 부분이 있으면 그것이 그것을 바로잡아주는 것이 진정한 여당의 역할과 기능입니다. 그렇지 않으면 별도로 당 대표를 뽑고 할 필요 없이 옛날처럼 대통령이 총재를 하는 식으로 하면 되겠지요.

정인성 : 매번 대통령이 바뀌거나 총선을 통해 국회의원이 뽑힐 때마다 개헌 이야기가 나오는 것일 수 있는데요. 앞서 말씀해주신 문제를 해결함에 있어 개헌이 필요하다고 보는 견해이신가요?

김 웅 : 개헌은 필요하다고 봅니다. 개헌이 필요하다고 보지만, 개헌을 통하지 않고도 당장 고칠 수 있는 것들이 꽤 많아요. 현행 헌법상 국무총리가 국무위원 추천권을 행사하게 되어있거든요? 그것만 제대로 지켜도 책임총리제가 가능한 부분이 생기죠. 대통령의 권한을 조금이나마 분산시킬 수 있는 겁니다. 인사의 문제에서도 인사위원회를 독립기구로 설치해서 맡겨놓으면 되겠죠. 그리고 대통령의 정치적 중립의무도 지키면 문제없습니다. 지키지 않는 것이 문제지... 이 모든 것들이 현행헌법을 준수하므로 이루어질 수 있는 몇 가지 예시에요.

결국, 대통령이 스스로 모든 권한을 다 행사해야 한다는 생각만 버리면 됩니다. 모든 걸 다 통제하고 관여하려고 하니까 결국 제대로 하는 건 아무것도 없게 되는 거예요. 제대로 하는 게 아무것도 없는데 그 책임은 본인이 다 져야 하고, 피해는 국민이 고스란히 입게 되고, 지지율도 떨어지고, 국정운영 동력은 더 떨어지고. 이 악순환이 반복되는 거거든요. 대통령의 의지만 있어도 상당 부분 해결할 수 있는 것을 꼭 헌법의 문제로만 이야기하는 것은 무책임한 것 같아요.

정인성 : 앞서 국민의 대표인 국회의원 간의 협치는 선택이 아닌 의무라고 하셨는데, 협치가 왜 이렇게 어려운 걸까요?

김 웅 : 지금 이 구조 자체를 보시면 그렇게 협치를 안 해도 별다른 문제가 없어요. 어차피 시장에 상품이 두 개밖에 없는 겁니다. 근데 이것도 개판이고 저것도 개판이에요. 상품을 좋게 만들려면 피나는 노력을 해야 하는데, 그럴 필요가 없는 거예요. 노력보다 상대방의 단점만 주야장천晝夜長川 얘기하면 되거든요. 경쟁이 없으니까. 어차피 국민, 너희들은 우리 둘 중 하나를 선택해야 하는 거고 우리 당의 처지에서 보면 어떻게 해야 우리가 국민에게 좀

더 합리적인 대안으로 인정받을 것인가 고민해야 하는데, 민주당만 넘으면 되는 거예요. 민주당은 우리 당만 넘으면 되는 거고. 우리 지지율이 10%밖에 안 된다고 하더라도 민주당이 9%면 우리는 이기는 거예요. 민주당이 11%다? 그러면 우리는 12% 하면 되는 거죠. 그런 상황에서 누가 노력을 하겠습니까? 그렇게 노력하려면 우리가 내려놔야 하는 것이 많아져서 안 돼요.

방법이 없지는 않아요. 선거제도 개혁 등을 통해서 제대로 된 다당제가 정립되는 방법이 있겠지요. 만약 제대로 된 다당제가 운용된다고 하면 협치를 안 할 수 없어요. 힘이 부족하니까. 그 과정에서 경우의 수가 많아질 것이고요. 하지만 그 말은 뭐냐면 우리 당과 민주당이 기득권을 내려놓는다는 걸 의미해요. 그게 되겠어요? 기존의 체제만 유지하면 서로 너무 노력하지 않고도 해 먹을 수 있는데?

정인성 : 경제로 치면 자유시장이 아닌 거네요.

김 웅 : 과점시장[50]인데. 여야관계를 적대적 공생관계[51]라고 하잖아요. 지금 보면 그것도 아닌 것 같아요. 그냥 대놓고 공생관계에요 이건.

50 **과점시장.** 소수의 공급자만이 존재하는 시장. 공급자가 하나일 때는 독점시장이라 한다.

51 **적대적 공생관계(Adversary Symbiosis).** 양극단의 대립 당사자들이 서로의 존재를 통해 세력을 강화하고 이득을 취하는 현상을 의미한다. 프리드리히 니체는 "적과 싸우기 위해 사는 자는 그 적을 살려둘 이해관계가 있다(Wer davon lebt, einen Feind zu bekämpfen, hat ein Interesse daran, daß er am Leben bleib)"는 말을 남겼는데, 적대적 공생관계의 의미에 대한 힌트를 제공했다고 풀이된다.

정치의 실종, 정치의 복원

정인성 : 몇몇 정치인분들과 말씀을 나누다 보면 이런 권력 구조와 관련된 이야기나 정치철학 같은 건 아무리 깊이 고민하고 이야기하더라도 이슈가 안 되어서 아쉽다고 하시더라고요. 의원님께서 관심을 두고 계시는 이슈나 법안으로 제시한 해결 방안 중에서 대중적으로 잘 안 알려진 건 어떤 게 있을까요?

김 웅 : 우리나라 사회를 검찰 공화국이라 이야기하잖아요. 우리나라는 모든 분쟁, 특히 정치적 분쟁들은 결국 마지막에 가서는 다 법정으로 갑니다. 결국, 형사적으로 수사가 들어가고, 기소되고, 재판을 받는 식으로 가는 거죠. 그 부분에서 상당히 많은 갈등이 야기되고 있는데 지금까지도 계속 반복되고 있거든요. 대통령이 되고 나면 검찰과 경찰을 동원해서 그동안 경찰들이나 국정원에서 모아온 자료를 활용해 정치적인 보복을 해왔잖아요. 그것을 이제

는 끊어내야 한다고 봐요. 저는 형사소송법 제도에 대해서는 그래도 전문성이 있다 보니 이 권력을 어떻게 하면 잘 분산시킬 수 있을까 고민을 해봤습니다.

그래서 준비하고 있는 것이 형사사법제도에 대한 전반적인 개혁 법안입니다. 주요 내용은 치안, 수사, 통제를 아예 분리해버리는 건데요. 경찰은 치안만 하고, 한국형 FBI를 신설해서 경찰과 검찰의 수사권을 떼어주는 겁니다. 그리고 검찰은 그 FBI를 통제하는 거죠. 여기에 기존에 국민 감시에 활용됐던 정보 경찰 제도까지 없애면 권력의 남용 문제를 근본적으로 해결할 수 있을 겁니다.

현재의 패러다임에서는 경찰에게 권력을 주냐, 검찰에 권력을 주냐 이런 거로 싸우는데, 그래 봐야 전부 대통령 권력이거든요. 하지만 이걸 분산시키고, 일부는 해체한다면 말씀드린 악순환의 고리를 끊어낼 수 있겠죠. 이런 이야기를 야당일 때는 누구나 하는데 여당이 되고 나면 이걸 하려고 하지 않아요. 가진 권력을 스스로 내려놓는 거니까. 하지만 우리가 여당일 때 이런 제도를 도입한다면 우리의 진정성을 국민이 조금은 알아주시지 않을까 하는 생각입니다.

또, 하반기에는 우리 다음 세대를 위한 법안인데 AI(인공지능)에게 법인격을 부여하는 법안도 준비하고 있습니다.

정인성 : 의원님에 대한 일반 국민의 인식은 아무래도 검찰개혁에 반대하시는 분으로 알고 계실 것 같은데, 그건 아니라는 말씀이네요. 언론이나 대중들에게 어떤 사안에 대한 찬성론자/반대론자, 친윤/비윤, 진보/보수 등 이런 식의 이분법적으로 다루어지는 것에 대해 아쉬움이 있으실 것 같습니다.

김 웅 : 예전 정치인들 같은 경우에는 권위가 있었어요. 권위가 있다 보니 이분들이 하는 이야기나 이분들이 제시하는 방향이 있으면 대중들이 그것을 이해하려고 노력을 했었어요. 기 드보르[52]가 그런 이야기를 했잖아요. 스펙터클의 사회가 됐다고. 정치도 이제는 광고나 순간적인 오락물처럼 그냥 외향이 중요해지기 시작하면서 내용이 중요하지 않게 돼버린 거예요. 정치도 스펙터클이 지배하게 된 거죠.

---

52 **기 드보르(Guy Ernest Debord).** 프랑스의 사회학자이자 영화제작자. '스펙터클' 개념을 통해 현대 자본주의 체제를 비판하였다. 그의 저서 〈스펙터클의 사회(La Société du Spectacle)〉에 의하면 현대인의 삶은 스펙터클(이미지)의 거대한 축적물로 채워져 있고, 우리 삶의 실재적인 모습은 이미지 정도로 취급된다고 한다.

스펙터클의 특징이 뭐냐면 상대방이 뭐라 하든지 간에 이미 자신은 답을 결정해버리는 거예요. 제가 검찰은 직접 수사해서는 안 된다, 검찰이 특수수사를 해서 이렇게 된 거다, 검찰은 수사 통제만 해야 한다. 이런 이야기를, 아무리 많은 곳에서 해왔어도 이런 이야기가 언론에서는 상품성이 없어요.

그런데, 문재인 정부나 민주당이 하는 검찰개혁이라 다른 얘기를 하니까 '검찰개혁 반대!' 이렇게 딱 결정을 하고 나면 스펙터클에 맞게 되죠. 그런 식으로 스펙터클에 맞는 것만 소비하는 거예요. 그것을 우리 정치인들이 좀 뚫고 나가야 하는데, 오히려 그 추세에 편승하거나 쫓아가기 바쁘죠. 그래서 어떤 일이 발생하면 그 일에 대해 굉장히 경박하게 이야기하고, 어떤 정책이나 이념 같은 걸 가지고 싸우는 것이 아니라 이벤트를 가지고 싸워요.

전세 사기로 사람이 죽어나고, 민생은 파탄 나고, 청년들은 희망을 잃고 죽음으로 내몰리고 하지만 온종일 소비되는 정치 콘텐츠는 '누가 어떤 말실수를 했다. 누가 어떤 행동을 했다. 누가 돈 봉투를 뿌렸다.' 이런 것이거든요. 사람들은 거기에 매몰되어서 그런 이벤트만 소비하고 싶어 하는 거예요.

그래서 저는 그런 이야기를 해요. 정치가 일시적인 오락물로 소비되는 것에서 벗어나야 한다. 단순히 노출이 많이 되면 명성을 얻지만 그 명성이 어떤 권력이 되는 것이 아니고, 그 사람이 한 말의 본질과 내용이 다른 사람들에게 집중을 불러일으켜야 하는 겁니다. 정치인의 권위를 회복해야 하는 거죠. '저 사람이 저런 이야기를 했을 때는 무슨 합당한 이유가 있을 거야'라고 생각해볼 수 있는 그 정도의 어떤 무게감이 필요한 것 같아요. 그래서 이렇게 호흡이 긴 매체가 아니라 호흡이 짧은 언론이나 방송에는 최근에 일절 안 나가고 있어요. 그런 데는 아무리 많이 나가서 얘기해도 결국 내 얘기를 들어주는 게 아니고, 어떤 이미지나 갈등 구조를 소비시키는 것밖에 안 되더라고요.

정인성 : 말씀하신 내용은 어떻게 보면 '정치의 복원'이라고도 할 수 있을 것 같은데요. 그것이 이루어지기 위해서는 정치를 오래 하셔야겠네요. 대중의 소비패턴이라는 것이 변화하려면 시간이 오래 걸리잖아요. 근데 선거라는 이벤트는 그것을 기다려주지 않고요. 의원님께서 말씀하시는 정치와는 좀 안 맞는 것이 아닌가 하는 생각도 듭니다. 그렇다면 의원님의 정치를 계속하기 위해 현재의 대중 소비패턴과 타협을 하거나, 서둘러 타개를 하셔야 할 텐데, 이와 관련해서는 어떤 계획을 갖고 계시나요?

김 웅 : 제가 말씀드리는 것은 '정치의 복원'인데요. 정치라는 것은 방향을 가리키는 거라고 하지 않았습니까? 그것이 절대로 그때그때의 상황에 따라 대중이 즐거워하는 오락의 소재가 되어서는 안 된다고 봐요. 그래서 저에게는 타협이나 타개의 방법은 없어요. 되든 안 되든 계속 방향을 제시하고 나아가야 한다고 봐요.

그리고 오래해야 될 것 같다고 이야기하시지만, 제가 방향을 제시하고 안 되면 그다음 주자가 또 나오고, 그다음 주자가 또 나오고, 계속해서 누군가는 나올 거예요. 늘 그래왔고요. 지금도 우리 당이 전부 그냥 한목소리를 내고 대통령에게 아무 말도 못

하고 숨죽이고 있는 것 같아도, 자신의 정치 인생을 걸고 잘못된 것은 잘못되었다고 이야기하는 목소리가 나오거든요.

제가 사라진다면 그다음 목소리가 또 나올 거예요. 방향을 제시해주는 사람이 있으면 그렇지 않은 사람이 아무리 많아도 결국 사람들은 그 방향으로 나아가게 되어있습니다. 그렇게 생각해 보면 저는 이제 '내가 꼭 살아서 그 목적지까지 가야지'라고 생각하면 힘들겠지만, 한 번 이쪽으로 길을 잘 터놓으면 그 뒤에 이 길을 걷는 사람들이 반드시 온다고 생각하면 그렇게 절망적이지만은 않아요.

정인성 : 뭐, 모세도 약속의 땅으로...

김 웅 : 모세도 못 갔죠. (웃음)

좋아하는 정치인
그리고 하고 싶은 정치

정인성 : 혹시 좋아하는 정치인이 혹시 있으신가요?

김 웅 : 저는 영국 보수당 정치인들을 좋아해요. 마거릿 대처[53]도 좋아하고, 벤저민 디즈레일리를 우리가 적용할 수 있는 가장 현실적인 모델이 될 수 있다고 생각하고요. 미국에서는 존 매케인[54]을 굉장히 좋아해요.

53 **마거릿 대처(Margaret Hilda Thatcher).** 영국의 제71대 총리를 역임한 정치인. 이른바 철의 여인(The Iron Lady)으로 불리며 영국 보수당을 세 차례나 총선 승리로 이끈 최초의 여성 총리다.

54 **존 매케인(John Sidney McCain).** 미국의 군인이자 정치인. 2008년 미국 대선에서 공화당 대선후보로 출마하여 민주당 오바마 후보에게 패하였다. 2018년 8월 25일, 81세의 나이로 사망할 때까지 보수주의의 품격을 보여준 정치인으로 평가받는다.

정인성 : 존 매케인. 저도 되게 좋아했어요. 그분 돌아가셨을 때 우리가 알던 공화당이 같이 끝난 느낌이었어요.

김 웅 : 그렇죠. 같이 죽어버렸죠.

정인성 : 지금은 트럼프의 공화당이 되어버렸잖아요. 저는 트럼프가 처음 등장했을 때, '미국 민주주의도 이젠 참 별거 없구나.' 하는 생각이 들었었는데, 그게 미래의 우리 모습이 될 줄은 몰랐네요.

김 웅 : (웃음) 아이러니하게도 그게 제가 정치를 계속하고 싶은 이유예요. 다 잘 돌아가고 있으면 저 같은 사람도 필요 없어요. 제가 어려운 이야기를 하는 것도 아니잖아요. 그냥 기본과 원칙에만 충실하자는 건데도 사람들이 '그게 되겠어?' 하는 거잖아요. 정치하면서 언젠가는 '되는데요?'라고 하고 싶어요.

아직 우리 정치에 낭만이 살아있다는 걸 보여주고, 실종된 정치를 복원하고, 정당을 바꾸고, 정치를 바꾸고 그러면서 더 나은 사회를 만들고. 이런 게 결국 기본을 지키는 것으로 시작되는 거죠. 검찰개혁에서부터 정치개혁까지 저는 원래 본연의 모습으로 돌아가자고 하는 거예요. 그것만 제대로 해도 혁신이 되는 겁니다. 혁신이 뭐 대단한 게 아니에요.

정인성 : 다시 한번 더 국회의원을 하시게 된다면 어떤 일을 해보고 싶으신가요?

김 웅 : 국회의원이라고 하는 것은 법안을 만드는 역할을 하는 거죠. 예산을 통해서 행정부를 견제하는 역할도 하고요. 저는 그 두 가지 중에서 행정부를 견제하는 역할이 더 중요한 시대에 우리가 사는 것 같아요. 그런데 지금 우리 국회는 그런 역할을 전혀 못하고 있죠. 야당 같은 경우에는 일단 무조건 반대인 거고, 여당 같은 경우는 무조건 통과를 외치고 있고. 제가 만약에 재선을 하게 되면 우리나라와 같이 이렇게 국회보다 행정부 특히, 대통령의 권한이 강한 문제를 해결하려고 노력할 것 같아요.

예를 들어, 상임위별로 정부의 예산이나 법안들을 걸러주도록 해서 확실하게 행정부를 견제할 수 있는 어떤 기구를 만들었으면 좋겠어요. 일본의 자민당自民黨 같은 경우에는 의원들이 내는 법안들을 모두 가져와서 심의하는 기구가 있습니다. 의원들이 다 거기에서 공부도 하고 그 법안을 가지고 토론도 하고, 방향을 정하는 거죠. 그래서 일본이 우리나라와 비교해서 법을 많이 통과시키지 못하지만, 잘못된 법안이 통과되는 비율도 그만큼 낮아요. 우리나라 헌법재판소에서 위헌 결정이 난 법안만 1,000

건이 됩니다. 그건 사실상 국회가 제 역할을 하지 못하는 거예요. 이렇게 부작용이 많거나 리콜이 많이 되는 상품을 내놓는 기구는 단 한 곳도 없어요. 제가 재선된다면 자민당에서 만들었다고 하는 그런 기구를 만들어서 법안과 예산안에 대한 신중한 접근을 통해 행정부를 그야말로 제대로 견제하는 국회를 한번 만들어보고 싶어요.

〈존 매케인. 미국 보수의 마지막 품격〉

장면#1. 미국의 대선이 막바지로 치달으며 열기가 과열되던 2008년 10월 11일. 공화당 후보였던 매케인 상원의원은 지지자들과의 타운홀 미팅에서 질의응답 시간이 있었다. 한 지지자가 상대 당 후보인 버락 오바마 상원의원에 대한 우려를 표한다. “오바마가 대통령이 될 수 있다는 사실이 너무 두렵다”라고 하자 매케인 후보는 마이크를 건네받아 답한다. “이 말은 드려야겠습니다. 오바마는 꽤 괜찮은 사람이고, 미합중국의 대통령이 되더라도 두려워할 필요는 없는 사람입니다.”[55] 지지자들은 야유했다. 이어서 한 지지자가 “오바마는 아랍인 아니냐”고 하자 매케인이 답한다 “아닙니다. 그는 꽤 가정적인 미국 시민이고, 저와는 근본적인 문제들에 대해서 이견이 있을 뿐입니다.”[56]

---

55 “I have to tell you: He is a decent person and a person you don't have to be scared of as president of the United States.

56 “He's a decent family man, citizen, that I just happen to have disagreements with on fundamental issues.”

장면#2. 2008년 대선에서 오바마 후보의 승리가 확정적이던 시점에 매케인 후보가 승복 연설을 위해 단상에 올랐다. 최초의 흑인 대통령 탄생에 대한 축하의 말을 먼저 전달한 그는 연설을 통해 이렇게 말했다.

"오바마 의원과 저는 생각이 다른 것으로 논쟁했고 그가 이겼습니다. 여전히 생각의 차이는 존재할 것입니다. 하지만 지금은 미국은 어려운 시기를 맞이하고 있습니다. 오늘 밤, 저는 그분이 우리가 처한 난관을 헤치고 우리나라를 이끌 수 있도록 제가 가진 모든 힘을 다해 도울 것을 맹세합니다. 저를 지지해주신 모든 분께 권하고 싶습니다. 저와 함께 축하해주시고, 우리의 차기 대통령이 이 나라의 통합을 이루고, 필요한 합의를 이루고, 우리의 차이를 넘어 국가의 번영을 회복하고, 위험한 세계로부터 우리의 안보를 지키고, 우리가 물려받은 것보다 더 강하고 더 나은 국가를 우리 자녀와 손주들에게 물려줄 수 있도록 호의와 진심 어린 노력을 보여주시기 바랍니다.

우리가 가진 차이가 무엇이든 간에, 우리는 모두 같은 미국인입니다. 제게는 우리가 모두 같은 미국의 국민이라는 것보다 더 큰 의미가 있는 관계는 존재하지 않습니다."[57]

57 "Sen. Obama and I have had and argued our differences, and he has prevailed. No doubt many of those differences remain. These are difficult times for our country, and I pledge to him tonight to do all in my power to help him lead us through the many challenges we face. I urge all Americans who supported me to join me in not just congratulating him, but offering our next president our goodwill and earnest effort to find ways to come together, to find the necessary compromises, to bridge our differences and help restore our prosperity, defend our security in a dangerous world, and leave our children and grandchildren a stronger, better country than we inherited. Whatever our differences, we are fellow Americans. And please believe me when I say no association has ever meant more to me than that."

장면#3. 2017년 여름, 뇌종양 판정을 받은 매케인 상원의원이 상원 회의장에 나타났다. 왼쪽 눈 위에는 아직 수술 자국이 선명했다. 당시 나이 80세의 그가 자신의 지역구에서 3,000km 떨어진 워싱턴 D.C까지 온 이유는 트럼프 당시 대통령의 1호 공약인 '오바마케어(Obamacare)[58] 폐지'의 표결에 참여하기 위해서다. 자신의 표결 순서가 되자 단상 앞으로 걸어 나간 매케인은 오른손을 들었다가 엄지손가락을 아래로 떨어뜨렸다. 찬성 49표, 반대 51표. 트럼프 공화당의 오바마케어 폐지가 공화당 매케인 의원의 한 표로 부결되는 순간이다.

맥케인 의원은 오바마 정부 시절 '오바마 케어' 제정에 반대해왔었다. 하지만, 트럼프가 '오바마 지우기'의 하나로 오바마케어 폐지에 나서자 이는 무보험자를 늘리고 결국, 미국인의 의료 혜택이 줄어들 것이라는 이유로 반대한 것이다.

---

58 오바마케어(Obamacare). 정식 명칭은 '환자 보호 및 부담 적정 보험법(Patient Protection and Affordable Care Act, PPACA)'. 오바마 대통령의 주도로 제정된 의료보험 개혁안이다. 노년층과 차상위 계층에겐 정부가 기존에 제공하던 무상 의료보험 제공 대상을 확대하고, 그 이외의 국민에겐 사보험 의무 가입을 통해 전 국민 의료보험을 시행하는 내용을 골자로 한다. 의료보험을 강제한다는 측면에서 공화당은 개인의 선택권을 제한한다며 반대했고, 민주당 내에서도 이견이 있었다.

3부

김웅과
함께하는 사람들

CHAPTER.03

지욱현 보좌관

심지은 보좌관

김수한 보좌관

김종미 보좌관

STUDIO. ON TABLE

인터뷰어 : 전혜인

전혜인 : 먼저 본인 소개 부탁드립니다.

지욱현 보좌관 (보좌관 15년 차, 이하 지욱현)

안녕하세요. 국회 김웅 의원실에서 일하고 있는 지욱현 보좌관입니다. 올해로 보좌관 생활한 지는 15년 차고, 그전까지 총 세분의 의원을 모셨고, 김웅 의원님이 네 번째 의원님이십니다.

심지은 비서관 (비서관 5년 차, 이하 심지은)

저는 심지은 비서관이라고 하고요. 의원님이 새로운 보수당의 인재 영입으로 처음 들어오셨을 때부터, 일정이나 공보, 언론 활동을 도우면서 의원실에 같이 합류하게 되었고, 지금은 정책, 언론 활동 등에 대해 업무를 맡고 있습니다.

김수한 비서관 (비서관 3년 차, 이하 김수한)

안녕하십니까. 저는 김웅 국회의원실에서 일하고 있는 김수한 선임비서관입니다. 비서관으로서 일을 한 지는 저희 의원님이 처음이라서 이제 3년 조금 넘었습니다.

김종미 비서관 (비서관 2년 차, 이하 김종미)

안녕하세요. 저는 김웅 의원님과 함께 일하고 있는 의원실의 막내 비서관 김종미라고 합니다. 저는 이제 2년 차가 되고 있고요. 이전에는 대학 때, 다른 의원님 방에서 입법보조원 생활을 짧게 했었습니다.

전혜인 : 보좌관과 비서관의 차이는 무엇인가요?

김수한 : 보좌관님들은 한 마디로 더 많은 책임을 지는 사람이라고 할 수 있겠고요. 무릇 보좌관이라면 아래 직원들을 어우르고, 통솔하고, 균형을 잡는 것으로 생각합니다. 그 아래 직급에 있는 비서관들은 책임보다는 일을 더 먼저 하고, 아래서부터 위로 올라가야 하는 일들을 맡아서 처리하기도 합니다. 그래서 좀 더 실무적이라고 표현할 수 있을 것 같습니다.

김종미 : 보좌관님께서 전체적인 정무적 판단을 해 주시면

서 밑에 직원들이 일하는 것에 대해 많이 총괄해 주시고요. 직원들 하나하나 챙기면서 힘든 일은 없는지, 누가 어떤 일을 맡고 있는지, 혹시 혼자서 업무를 과다하게 하는 사람은 없는지 등을 살펴주시는 게 보좌관님의 역할이라고 생각합니다. 그것을 저희 보좌관님이 잘해주시고 있고요. 그리고 비서관님들은 보좌관님이 말씀 주시는 것에 따라, 열심히 본인의 위치에서 공보면 공보, 홍보면 홍보, 그리고 일정이면 일정, 회계면 회계 등, 열심히 하려고 하는 게 저희의 역할이지 않나 생각합니다.

전혜인 : 보좌관으로서 혹은 비서관으로서 가장 힘든 일은 무엇인가요?

지욱현 : 일단, 국회의 특성상 대단히 많은 일이 벌어지고 있고요. 그 많은 일들이 예측하지 못한 상태에서 저희에게 다가오기 때문에, 순간적으로 그 일에 바로바로 대응하는 게 어려운 점인 것 같습니다. 그러다 보니 소위 얘기하는 9 to 6나 워라밸을 지키려고 노력은 하지만 국회가 바쁜 시즌이 오면 밤낮없이, 그리고 주말 주중 할 것 없이 출근 혹은 외근해서 거의 풀 타임으로 일을 하게 될 때도 있습니다.

심지은 : 일단 의원님의 일정에 최대한 맞춰야 하는 그런 것

들이 있고요. 의원님이 하시는 생각이나 사안에 대해 어떤 스탠스를 취하실지를 좀 예민하게 읽어야 하는 것? 그런 것이 매우 중요하고 한편으로는 좀 힘든 부분이라고 생각합니다.

김수한 : 일단 일상적이지 않다는 것. 다른 직장인들과 비교해 일상적이지 않아서 남들이 일할 때 쉴 수도 있겠지만 남들이 쉴 때 일을 할 수도 있다는 점이 있습니다. 그런데 대부분 비서관은 남들이 일할 때도 일하고, 남들이 쉴 때도 일하는 경우들이 많아서 그런 부분들을 맞추는 것이 쉽지 않고요. 무슨 일이 어떻게 벌어질지 예측 가능성이 떨어진다는 것도 조금 어려운 부분이라고 생각됩니다.

김종미 : 처음에 들어갔을 때는 더 힘들 줄 알았어요. 아무래도 국회의원을 모시는 의원실 비서관이니까 업무적으로도 그렇고 사람 대하는 것도 매우 힘들 거로 생각했는데, 2년 동안 정말 너무 즐겁게 일을 하고 있고요. 솔직히 저는 출근하는 날을 더 좋아해요. 제가 이런 이야기를 하고 다니면서 욕(?)을 되게 많이 먹어요. 그런데, 저는 집에서 혼자 있는 것보다 의원실에서 같이 의원님이랑 얘기하고, 비서관님들이랑 소통하고, 이런 시간을 더 좋아해서 너무 재밌게 생활하고 있습니다.

보좌진을 한다는 게 사실 자기 일정이 없고, 출, 퇴근 시간도 정해져 있지 않고, 주말에도 지역을 왔다 갔다 해야 하는 일이 많은데, 저희 의원님께서는 그 고충을 아시니까 일과 삶의 균형을 최대한 지켜주려고 노력을 굉장히 많이 하세요. 굳이 보좌관 비서관이 따라가지 않아도 되는, 의원님께서 혼자 처리하실 수 있는 일정이면 항상 혼자서 열심히 뛰시고. 저희에게는 "얘들아, 왜 집에 안 가? 좀 가. 그리고 너네 따라오지 마. 주말에 왜 날 따라와? 내가 알아서 할 수 있는데" 하시면서 혼자 다 해 주셔서 저는 저의 여가생활도 하고, 그러면서 국회 생활도 즐겁게 하고 이렇게 잘해 나가고 있습니다.

전혜인 : 의원실에 가장 많이 들어오는 민원은 무엇인가요?

지욱현 : 저희 송파갑 지역구의 가장 큰 현안인 재건축 문제라든지, 중학교가 없는 동에서는 중학교를 신설해 달라는 교육 관련 민원도 많이 들어오고요. 송파가 문화예술의 도시다 보니 도시와 상생할 수 있는 한예종 (한국예술종합학교) 유치 같은 지역 발전을 위해서 더욱 힘써 달라는 민원이 많이 들어옵니다.

심지은 : 지역 민원 외에는 의원님께서 법률가시다 보니 어떤 법안에 대해 합리적인 이유로 반대하실 때가 있

어요. 그런데 본회의에서 표결하면 누가 어떻게 투표했는지 화면에 딱 뜨잖아요. 그러면 그 결과를 보시고 왜 당론과 다르게 행동했냐는 전화가 많이 와요. 아무래도 국민은 이유를 잘 모르시고 그러시는 부분이 많다 보니 이해하기 힘드셔서 그런 거잖아요. 그래서 그런 것들을 좀 상세히 설명해 드리는 편이에요.

김수한 : 저희가 상임위별로 의원실이 배분되다 보니까 상임위원회에 맞게 민원이 들어오는 경우가 많습니다. 저희는 지금 행정안전위원회에 들어와 있는데 여기는 지자체 업무를 담당하는 부분도 있거든요. 그래서 별의별 민원이 다 들어옵니다.

지나가는 길에 불법 노점상이 너무 많은데 그것을 어떻게 처리를 해줬으면 좋겠다는 것도 있고요. 기억나는 것 중에 가장 황당했던 민원은 자기가 불법 주차 딱지를 뗐는데 이걸 취소해 주면 안 되냐는 전화가 온 적이 있었습니다. 그거는 일단 취소가 안 될뿐더러, 취소를 해주면 그게 더 큰 일이 나는 일이거든요. 그래서 제가 좋게 좋게 얘기해서 안 된다고 했었던 기억이 납니다.

김종미 : 제도적으로 해결할 수 있는 문제에 대해 문의하실

때는 의원님을 통해서 질의를 할 수도 있고, 어떻게든 방법을 찾아볼 수 있는데요. 그렇지 않고 저희 쪽에서 처리를 해줬을 때, 큰 문제가 발생할 수 있는 민원들이 들어오면 난감할 때가 많이 있습니다. 어느 기관에 있는 어떤 공무원이 너무 마음에 안 들고 싫으니 이 공무원을 어떻게 좀 해달라. 국회의원이면 그 정도는 할 수 있지 않냐. 이럴 때 정말 어렵죠. 그럴 때는 제 위의 비서관님한테 조언을 얻어서 처리하고는 합니다.

전혜인 : 대응하기 힘든 민원들이 들어왔을 때, 주로 어떻게 대처하는 편이신가요?

지욱현 : 저희는 사람의 마음을 어루만져 드려야 하는 직종이다 보니 민원을 단칼에 거절하면 민원인의 마음이 상하기 마련이잖아요. 그리고 최대한 다른 방법으로라도 도움을 드리고 싶은 마음도 있어서 자연스럽게 기다려 달라고 말씀을 드리고, 그동안 저희가 노력한 것에 설명해 드리면서 지역주민들을 최대한 이해시키려고 합니다. 지역 주민분들도 국회에 가져오는 민원이 보통 행정관청에서 반려되거나 잘 안됐던 민원이기 때문에 대부분 이해를 해주십니다.

심지은 : 의원님을 오랫동안 옆에서 보고 생활도 같이하고 있다 보니까 의원님께서 무슨 생각을 하시는지 조금씩 알 것 같아요. 그래서 자체적으로 대응할 때도 있고요. 하지만 법률적인 부분이나 전문적인 부분이 필요한 경우, 의원님께서 전문성이 있다 보니 의원님과 상의해서 대응 방법을 찾습니다. 그 과정에서 직원들끼리도 상의해서 나온 결과를 정리해서 설명해드리는 편이에요.

김수한 : 저 같은 경우는 어떻게든 그 자리에서 해결하려는 타입입니다. 그래서 그분들이 조금 기분이 상하시더라도 그 자리에서 해결하는 걸 추구하기 때문에 항상 저희가 할 수 있는 일과 그렇지 못한 일들을 먼저 설명해드립니다. 저희가 생각보다 할 수 있는 게 많지 않다. 입법부라는 것이 선생님이 생각하시는 것만큼 그렇게 대단한 곳이 아니라서 저희가 선생님의 실생활에 당장 변화를 드릴 수는 없지만, 이런저런 부분에 있어서 문제가 있다면 그건 저희가 알아봐 드릴 수 있다. 이렇게 얘기를 하면 선생님들도 다 자기가 요구하는 게 좀 과하다는 것을 이미 인지한 상태에서 전화를 주시는 경우가 많기 때문에 대부분 다 이해를 하세요. 그런 경우가 아니고 저희가 도와드릴 수 있는 부분들이 있으면 그 결과

를 보내드리기도 하는데, 그것이 근원적으로 해결 되는 경우는 생각보다 많지 않습니다.

김종미 : 민원을 실질적으로 처리해 줄 수 있는 기관들이 있어요. 국회와 기관을 연결해 주시는 협력자님들을 통해서 같이 이야기를 나눠보고 민원 주신 분에게는 협력관님께 잘 말해달라고 했다. 선생님께서 주신 내용을 원하시는 대로 될 수 있게 도와달라고 말씀드렸다. 이렇게 전달해 드리는 정도로 처리하고 있습니다. 어쨌든 해야 하는 일이고, 국회라는 곳이 어쨌든 국민을 위해서 일을 하기 위해서 모인 거니까. 그래서 힘들다는 생각보다는 해야 한다는 생각으로 하고 있습니다.

우리 의원님은요

전혜인 : 의원님의 첫인상이랄까요? 처음 뵈었을 때 느낌이 어떠셨나요?

김수한 : 제가 의원님을 처음 뵈었던 날짜가 정확히 기억나지는 않는데, 제가 국회에 놀러 왔을 때였어요. 그 때의 의원님은 검사 시절이었고요. 그때 제가 아는 분이랑 차를 마시고 있었는데, 주위에 지나가셔서 제가 아는 분이 "저분이 〈검사내전〉의 김웅 검사님이다"라고 알려주시더라고요. 그래서 보니 생각보다 키가 굉장히 크시다는 생각이 가장 먼저 들었고요.

그다음으로 의원님하고 일하기 전에 면접을 본 게 정식으로 만난 첫 번째 자리였는데요. 그때가 2020년 3월 2일이었거든요. 사실, 검사라는 직종에 대해서 아는 거라고는 TV나 책과 같은 매체를 통해서 본 것밖에 없었기 때문에 검사님들은 좀 무섭거나 딱딱하거나 그럴 줄 알았는데 그거와 전혀 반대되는 동네 아저씨 같은 느낌의 그런 분이어서 '이 사람이 정말로 검사였나?'라는 생각을 했던 기억이 납니다. 그래서 많이 의외였죠.

김종미 : 이전에 저희 의원님께서 〈검사내전〉으로 워낙 유명하시기도 하셨고, 저는 유튜브에서 의원님이 출연하신 〈어쩌다 어른〉이라는 방송을 통해서 알게 됐어요. 검사라고 나왔는데 너무 귀여운 이미지에 젠틀하시고 되게 재미있으시길래 이런 분이 계시구나, 했다가 나중에 국회의원이 되었다는 얘기를 듣고 '아, 나는 저 의원실을 꼭 가야겠다'라고, 생각했어요. 그래서 의원실에 딱 들어갔는데 제가 봤던 방송이랑 똑같은 이미지인 거예요. 굉장히 밝고, 유쾌하시고, 직원분들에게 굉장히 잘해주시고. 그래서 저는 여기서 정말 뼈를 묻어도 되겠구나. 의원님을 졸졸 따라다녀야겠구나. 이런 생각을 했습니다.

전혜인 : 의원님을 가장 잘 표현하는 한 단어가 있다면 뭐라고 생각하시나요?

지욱현 : '여유'라고 생각합니다. 그리고 저는 개인적으로 '천재'라고 생각합니다. 보통의 범인凡人 들은 다른

사람보다 뒤처질까 봐 굉장히 조바심을 냅니다. 저 사람보다 뒤처질까 봐. 그러다 보니 어떤 정보를 빨리 터뜨려서 두각을 나타내야지. 아니면 뭐 인정을 받아야지. 하는 생각에 속된 말로 급발진을 하죠. 하지만 의원님은 전체 상황을 지켜보고 그만큼 깊게 알다 보니 쉽게 속내를 드러내지도 않아요. 편안합니다. 어떤 이슈에 있어서 내가 선점하지 못했다고 해서 조바심을 내지도 않고 차근차근 전체적인 상황을 기록한 다음에 일관적으로 정리를 해서 얘기를 하죠. 그러다 보니 다른 상임위나 다른 의원실의 보좌진에서 의원님이 SNS에 남기는 글을 보고 상임위에서 질의할 때 종종 참고하기도 합니다.

심지은 : 김웅은 '접착제'다. 의원님은 검사 시절부터 사회적 약자들을 많이 생각하시고, 그분들을 대변해서 그분들이 소외되지 않도록 사회적 연결고리를 만들어 주시는 분이셨어요. 의정활동을 하시면서도 주류에 편승하지 않고 소신과 논리를 갖춰 극소수의 의견을 많이 내십니다. 그래서 약자들의 편에 서서 사회 기득권과 약자 간의 어떤 끊어진 고리가 있다면 그런 부분을 이어주는 접착제 같은 분이라 표현하고 싶어요.

김수한 : '또라이'. 진짜 의원님은 정말 '또라이'고요. 그 말

을 정말 좋아하세요. 저희 의원실에서는 또라이라는 말이 칭찬이거든요. 그래서 자신의 책 〈검사내전〉에서도 또라이라는 말을 쓰셨고요. 또라이가 세상을 바꾼다는 말처럼 기존 문법을 탈피해서 기존 체제에 어떤 긴장감을 주고, 새롭게 발전할 가능성을 열어주는 사람들을 저는 또라이라고 생각하는데, 의원님이 검사 시절부터 지금 정치권에 와서도 그런 또라이라는 단어에 부합하는 사람이라고 생각합니다.

김종미 : 진짜 식상하다고 생각하실 수 있는데, 저는 한결같이 느껴온 것이 딱 하나. '정의'라고 생각합니다. 다른 사람들은 정의라는 말을 정치적 수사로 거창하게 사용하는데, 의원님은 정말 작은 부분에서도 몸소 지키려고 하세요. 하다못해 저희 의원실에 누가 아이스크림을 사 온 적이 있었어요. 딱 한 번 사오셨는데, 의원님께서 그걸 보시고 누군가가 뭘 가지고 오면 그게 무엇이든 받지 말라고 하시더라고요. 정말 딱 한 번 아이스크림을 받은 건데도 그걸 용납하지 않으셨어요. 정말 그 정도로 사소한 말과 행동 모두에서 깨끗하고 정의로운 사람이구나 하는 걸 의원실에 들어와서 내내 느끼고 있어요. 진짜 너무 대단하신 것 같아요.

전혜인 : 김웅 의원님 자랑을 좀 해주시겠습니까?

지욱현 : 의원님의 장점은 일단 변하지 않는 것입니다. 보통 변하지 않는 것을 말할 때 소나무, 상록수를 많이 얘기하죠. 그러니까 제가 의원님을 처음 뵀을 때 느꼈던 '초심'을 지금까지 느끼고 있고요. 그 초심이란 항상 낮은 자세로 시민들에게 다가가고요. 그리고 욕심이 없어요. 보통 권력욕이라고도 하는데 권력욕이 없는 정치인을 그동안 찾아보기 힘들었는데 이제야 발견한 것 같습니다.

또 한 가지 있다면, 굉장히 박학다식하세요. 보통 이제 법률가다, 검사 출신이라 하면 법에만 정통할 거로 생각하는데요. 의원님은 역사면 역사, 미술이면 미술, 게임이면 게임, 노래면 노래 분야를 가리지 않고 굉장히 심오하게 알고 계셔서 굉장히 놀랐습니다.

심지은 : 장점은 또라이신 거. 그러니까 좋은 또라이. 저도 사실 주변에서 '너 약간 의원님이랑 비슷한 점이 있다'라는 이야기를 간혹 들어요. 약간 반골 기질 같은 건데 저도 약간 그런 게 있거든요. 제가 그렇다는 건 아니지만 의원님은 그런 또라이나 반골 기질 같은 게 본인이 합리적으로 판단한 근거와 모든 사

람이 하는 행동을 내가 따라가기보다는 어떤 발자취를 남기는 게 중요하다는 생각에서 기반을 두거든요. 거기에서 창의적인 다른 대안이나 이슈 파이팅, 이런 것도 나오는 거고요. 그러다 보니 의원님을 모시는 게 늘 재미있을 수 있고요.

또, 격이 없으세요. 다른 장점들도 많지만, 저희를 너무 편하게 해주시거든요. 저희가 의원회관에서 일을 하는데 모든 의원실을 통틀어서 저희 방의 분위기가 제일 좋거든요. 그만큼 의원님이 되게 편하게 해주시고 배려를 많이 해주신다는 게 소문이 나서 다른 의원실 분들이 많이 부러워하십니다. 분위기가 그렇다 보니 저희가 일을 할 때도 의견을 자유롭고 편하게 낼 수 있고요. 의원님 자신도 직장생활을 해보셨으니까, 저희의 마음을 잘 아시고 그런 분위기를 만들어주시는 것 같아요. 기업에서 대외협력하시는 분들이나 다른 방에서 비서진들이 오시면 저희 방에 의원님이 안 계시는 알았다고 할 정도니까요. 그런 부분이 의원님의 가장 큰 장점이 아닐까 싶습니다.

김수한 : 저희를 너무나도 많이 위해주십니다. 그게 이렇게 말로만 들으면 와닿지 않을 수 있는데요. 예를 하나 들어볼게요. 저희 의원님께서 순천 출신이다 보

니까 순천에 내려갔을 때가 몇 번 있었습니다. 그런데 순천이 아시다시피 서울에서 출발하면 거의 국토 끝까지 가는 거잖아요. 그래서 기차나 대중교통을 이용할 때도 있지만, 제 차를 타고 내려가실 때도 있습니다. 저 같은 경우에는 같이 수행은 하지만 운전을 따로 해드리지는 않거든요. 운전을 도와주는 친구가 따로 있는데, 가다 보면 의원님께서 직접 운전을 교대로 해주십니다. 그 친구 힘들까봐. 이게 별거 아니라 생각할 수 있으시겠지만, 다른 의원실 보좌관들이랑 이야기를 해보면 정말 말도 안 되는 일이라 하거든요.

근데 그걸 무슨 시혜적인 입장에서 해주시는 게 아니라 또 근거와 논리를 가지고 저희를 설득해서 운전대를 뺏으십니다. 기억나는 대로 말씀드리자면 첫 번째, 내가 가자 그랬다. 둘째, 네가 운전하다가 피곤하면 그 위험이 나한테까지 온다. 그러므로 나도 운전을 해야 한다. 이렇게 논리적으로 말씀을 해주시니까 저나 그 운전하는 저희 비서관 친구나 그것에 대해서 너무 감사하기도 할뿐더러 그게 이해가 되다 보니 부담을 덜기도 하거든요. 그런 모습을 3년 전에도 그러셨고 지금도 초지일관 유지하시기 때문에 그런 모습이 저희 의원님의 가장 큰 장점이

자 제가 가장 존경하는 부분입니다.

김종미 : 의원님의 장점을 말하려면 여기서 하루는 꼬박 새워야 할 것 같긴 한데... 일단, 직원들의 워라밸을 최대한 확보해 주시는 점이 너무 좋고, 아시는 게 굉장히 많으신데 그거를 제가 여쭤볼 때나다 항상 알기 쉽게 얘기를 되게 잘해주세요. 그리고 애교도 이렇게 좀 귀여운 외모에 맞게 저한테도 항상 '알겠습니당~' 약간 이런 식으로 얘기를 해주실 때도 있으시고요. 너무 귀엽고, 좋은 점이 많으세요.

그러다 보니 국회 내에서도 제 또래 보좌진분들한테 인기도 많으시고요. 심지어 의원님이 지역 일정에서 청년들과 함께하는 자리가 있으면 제 또래 보좌진 친구들도 막 가려고 해요. 청년들의 입장에서 굉장히 친구 같고, 뭔가 형 같고, 약간 옆집에 사는 아저씨 같고, 트렌디 하게 이야기도 잘하시다 보니 그렇게 인기가 많으신 것 같아요. 그게 가장 큰 장점이지 않을까 생각합니다.

전혜인 : 그러면 의원님의 흉(?) 하나만 봐주신다면?

지욱현 : 너무 퍼줍니다. 퍼주는 게 뭐가 흉이냐 할 수 있거든요. 근데 저래도 되나 싶을 정도로 내주시는 경우가 있어요. 예를 들면 저기 지방에 사는 한 청년

이 배가 고프다고 하면 바로 치킨 쿠폰을 보내주시기도 하고요. 더 나아가서는 이 친구가 300만 원의 빚을 졌다고 하니 급한 대로 갚으라고 바로 300만 원을 보내준 거예요. 근데 이 친구랑은 전혀 일면식도 없고 단지 청년이라는 이유로 이 친구의 자립을 돕는다는 생각으로 퍼주는 거예요. 보좌관인 제가 봤을 때 좀 불안한 부분도 있죠.

김수한 : 기성 정치인의 문법이나 관습을 따르지 않으세요. 그것이 미래의 관점에서 봤을 때는 앞으로 저렇게 되는 것이 맞다는 생각도 들지만, 주변에서는 '정치인이 저렇게 해도 되는 거야?'라고 생각할 수 있거든요. 그것이 아무리 옳은 행위라 하더라도 외부에서 봤을 때는 '저런 태도는 좀 고쳐야 하지 않을까?'라고 생각할 수 있잖아요. 저희는 가까이에서 뵙고 이야기도 많이 듣기 때문에 의원님께서 하시는 일들이 이해가 되고 지지를 하지만, 바깥에서 보시는 분들은 이질적으로 여기면서 거부감이 드실 수 있죠. 우리나라는 아무래도 '학생다움' 이나 '정치인다움'과 같은 것들을 요구하고, 정치인은 대중을 상대하는 직종이잖아요. 정치인답지 않다는 평가가 거시적이나 장기적으로 봤을 때, 옳은 것일 수는 있겠지만 대중적인 측면도 조금만 더 신경을 써

주시면 지금보다 더 좋은 평가를 받으실 수 있지 않을까 싶습니다. 그러니까 좀 더 대중적으로 접근해서 조금만 더 제도권 안으로 들어오셨으면 좋겠다는 생각이 있습니다.

김종미 : 제가 의원님을 좋아하는 것만큼 의원님은 저를 별로 안 좋아하시는 것 같아요. 저는 의원님의 일거수일투족을 물어보거든요? 국회의원은 체력 관리가 정말 중요하니까 의원님께서 아침에 PT도 하시고 하는데, PT하신 날에 오시면 제가 의원님께 '의원님, 몸 괜찮으세요? 어디 다치신 데는 없으세요?' 이렇게 오버 액션을 하면서 물어보면 그게 너무 과했는지 '이제 가~ 나한테 왜 그래~' 이렇게 하세요. 나는 이게 애정 표현인데. 좀 받아주셨으면 좋겠어요.(웃음)

물론, 그러시면서 밖에서는 제 칭찬을 정말 많이 해주고 다니시더라고요. 그래서 너무 감사했어요. 제가 막내다 보니까 방에서도 좋은 물건들이 여러 개 있으면 저한테 먼저 선택권을 주시고, 먹고 싶은 거, 가고 싶은 장소 선택권도 제게 많이 주시거든요. 되게 멋있으세요. 좋아요.

전혜인 : 의원님이 워낙 친근하고 장난스러운 이미지가 있으

시잖아요. 좀 카리스마가 부족하다거나 지금과는 조금 상반된 이미지가 필요하다는 생각이 드신 적은 있으신가요?

지욱현 : 개인적으로는 카리스마를 좀 갖추었으면 좋겠다고 생각합니다. 하지만, 의원님이 워낙 유쾌한 캐릭터다 보니 잘 안 어울릴 수 있다는 생각도 있습니다. 그래도 국회에서 3년 반 정도 생활하시면서 두 번 정도 카리스마를 보여주신 적이 있었어요. 둘 다 행정 관료들이 시민들을 대상으로 정말 말도 안 되는 갑질을 하는 모습을 눈앞에서 봤을 때였는데요. 불의 앞에서 필요할 때는 카리스마를 보여주시는구나 생각했습니다.

심지은 : 의원님께서 저희와 일할 때는 격이 없으시지만, 언론에 잡히거나 공식적인 의정활동을 하실 때는 강단 있는 모습을 보여주시거든요. 그래서 그런 면도 국민들이 같이 봐주실 거로 생각해요.

김수한 : 저희한테는 친근하게 대해주시지만, 상임위에 가시거나 입법 심사를 하실 때는 카리스마 있는 모습을 자주 보여주세요. 그래서 '어 저분에게 저런 면이 있었어?'라는 것도 종종 목격하거든요? 그럴 때는 다른 방 보좌진들이나 정부 부처나 기관에서 오

신 분들도 '생각보다 무섭네?'라고 말씀해오시거든요. 그래서 의원님께도 따로 전화를 주시는 분들 계세요. '웅아, 사람들이 너 너무 무서웠단다. 조금 참아주지 않으련?' 이렇게요. 그래서 그런 부분들이 조금 더 알려졌으면 좋겠다는 생각을 하긴 합니다.

김종미 : 저는 전혀 그런 생각이 들지 않습니다. 유쾌하고 살갑고 귀여운 이미지는 같이 일하는 보좌진분들에게만 그런 거고, 상임위 활동이나 국정감사 질의를 하실 때는 딱 검사의 느낌이 바로 나와요. 그래서 제가 의원님의 카리스마 있는 모습만 따로 모아서 유튜브 쇼츠를 만들었거든요. 그거 한 번 봐주시면 아실 겁니다.

그리고 저는 사실 정치인이라고 엄하고 딱딱한 모습만 있을 필요는 없다고 생각해요. 시대가 많이 바뀐 만큼 저희 또래 친구들은 정치인들도 이렇게 유쾌하고 재밌고 친근하게 다가갈 수 있었으면 좋겠다고 생각하거든요. 그렇다고 일을 못 하는 것도 아니잖아요. 일도 워낙 잘하고 계시고요. 저희 세대는 능력 있고 친근한 것을 우선시하기 때문에 전혀 단점이라고 보지 않습니다.

전혜인 : 의원님께 바라거나 좀 고쳤으면 하는 게 있다면 어

떤 게 있을까요?

지욱현 : 조금은 대중적이었으면 좋겠습니다. 저희 의원님은 좀 유니크한 부분들이 있다 보니 대중들이 이해하는 데 시간이 오래 걸리죠. 저희 보좌진들은 늘 가까이서 봐왔기 때문에 의원님이 왜 그렇게 행동하셨는지에 대한 배경을 쉽게 이해하는데 의원님을 가까이서 보지 못하는 분들은 오해하기 마련이니까요. 국민들이 국회의원에게 부여해 준 권력을 대한민국의 발전이라든지 국민들의 복지를 위해서 사용되는데요. 그런 권력을 계속 부여받기 위해서는 대중성이 필요합니다. 그래서 그런 소통 작업도 더 잘해야 하는데, 제 생각에는 그런 부분에서 의원님이 많이 부족하세요. 의원님은 올바른 길을 계속 걸으면 언젠가는 국민들이 알아줄 거로 생각하시는데, 기본적으로 낯간지러움이 심해서 그래요. 의정활동을 하면서 성과라던가 상을 받거나 하는 부분들을 보좌진들이 홍보하는 것도 아주 중요한 업무 중 하나인데, 그런 것도 하지 말라고 하시거든요. 그런 부분들이 많이 아쉽고 속상할 때가 있죠.

심지은 : 의원님께서 격이 없으시고 직장생활도 오래 하시다 보니 익숙지 않아서 그러신지 보좌관님이나 비서관님들을 배려하느라 수행을 자꾸 거부하세요.

'너 왜 따라와?' 이러시기도 하고. 그게 배려해주시는 건 충분히 알겠는데 저희도 옆에서 수행하며, 기록하고, 생각해야 일을 하는 데 도움이 되기 때문에 가려고 하는 거거든요? 그런 걸 좀 내버려 두셨으면 좋겠습니다.

김수한 : 저는 의원님이 계속 의정활동을 할 수 있었으면 좋겠어요. 그게 국가적인 측면에서 좋은 면이기도 하겠지만, 국회 보좌진들 측면에서 봤을 때도 저희 의원님 같은 분들이 계시면 주변에 선한 영향력을 끼칠 수 있을 거로 생각하거든요. 다른 의원님들도 우리 의원실을 보고 보좌진들을 먼저 신경 써줘야겠다는 생각도 들고 그러면 우리 정치가 조금 더 발전하고 좋은 모습으로 변화해 나가지 않을까 하고 생각합니다.

그러려면 아무래도 기존의 문법을 파괴하시는 모습에 있어서 어느 정도는 타협하셔야 하지 않을까 싶어요. 지금의 모습이 역사적으로나 미래의 관점에서 봤을 때는 긍정적으로 평가될 수 있겠지만, 지금 당장은 그걸 반대하시는 분들이나 안 좋게 평가하시는 분들도 많으므로 그 균형을 좀 맞춰주셨으면 좋겠다는 것이 제 바람입니다.

김종미 : 저희와 시간을 더 많이 보내셨으면 좋겠어요. 저희는 항상 의원님이랑 같이 있는 걸 좋아하거든요. 의원님께서는 같이 밥을 먹으러 가서도 항상 결제만 하고 빠지시려 하세요. '그냥 너네끼리 노는 게 더 좋은데 나한테 괜히 그러는 거잖아' 이런 식으로 생각하고 말씀하시는데, 진짜 아니거든요. 저희는 정말로 의원님이 있으면 더 재밌단 말이에요. 장난도 많이 치고. 저희가 살짝 괴롭히는 것도 있고 해서. 그런 자리에 좀 자주 같이 해 주셨으면 좋겠어요.

그리고 관심받는 걸 좀 더 원하셨으면 좋겠어요. 어떤 행사를 가시든지 사진을 찍으실 때 항상 구석에 계세요. 다른 의원님들은 어떻게든 가운데에서 찍히려고 하시는데, 항상 잘 나오는 자리를 양보하시거든요. 항상 끝에 가 계시니까 찾기는 쉬운데, 좀 안쪽으로 한 몇 걸음만 와주셨으면 좋겠습니다

2024년, 총선을 대하는 우리의 자세

전혜인 : 내년 총선을 대비해서 현재 지금 가장 힘쓰고 있는 부분은 무엇인가요?

지욱현 : 우선, 내년 총선에 저희 국민의 힘이 일단 과반수를 차지하기 위해 분투하고 있습니다. 사실 어느 한 당이 3분의 2 의석을 가져온다거나 압도적으로 승리한다는 것은 우리 국민에게 굉장히 좋지 않은 영향을 미친다고 생각해요. 정치라는 것은, 견제와 균형의 원리로 작동해야 하는데, 지금 국회는 그런 균형의 추가 무너져 있는 상태거든요. 그래서 여야 할 것 없이 딱 1대1 구도가 제일 바람직하다고 보고요. 그러기 위해서는 저희 당이 한 석이라도 더 얻어 와야 합니다. 그 때문에 저희는 국민의힘 원내지도부를 비롯한 저희의 각 당협위원회, 지역구 당협 차원에서도 지역민들과 함께 호흡하며 최선을 다하고 있습니다.

저희가 현재 송파갑 내 TF 5개를 꾸렸습니다. 그 TF라 하면 지역에서 장기간 해결이 안 되고 있는 중요한 숙원사업들을 논의해서 해결하고자 꾸린 건데요. 예를 들면 저희 송파 갑 내에는 풍납토성을 끼고 있는 풍납동이 있습니다. 지역이 문화재로 지정이 되어있다 보니 전혀 개발이 안 되고 있는데요. 그러다 보니까 주민들의 재산권이 이루 말할 수 없게 침해받고 있습니다. 이걸 최대한 서울시와 문화재청과 협의 해서 주민들이 최대한 보상받게 해 주거나 문화재 발굴지역이 아닌 곳이라도 개발이 가능하도록 저희가 최대한 돕고 있습니다. 그 밖에도 한예종 유치라든지 12개 아파트의 재건축 추진이 조속하게 이루어지도록 하는 문제 등을 해결하기 위해서 5개의 TF를 가열 차게 돌리고 있습니다.

심지은 : 의원님이 워낙에 스킨십이 좋고 친밀감이 있으시므로 의원님이 최대한 많은 분을 만나 뵐 수 있도록 노력하고 있습니다. 일단 의원님을 만나보신 분들은 '되게 친근하고 합리적이다. 말씀하시는 거 보니까 재밌더라. 들어보니 의원님 생각이 맞더라.' 이렇게 말씀해 주시는 분들이 대부분이거든요. 그러기 위해서는 의원님도 열심히 발품을 팔고, 저희도 열심히 같이 다니고 그게 제일 좋은 전략이지 않을

까 하는 생각이 듭니다.

김수한 : 지난번 총선에 의원님 캠프에 처음 들어와서 공식 선거기간 동안 매일 새벽별 보고 나와서 새벽별 보고 들어가곤 했거든요. 저녁에 다 같이 회식하고 술 마신 상태에서 새벽에 다 같이 일어나서 나오고. 그렇게 열심히 해서 의원님이 당선되셨고요. 저는 언제든 그때만큼 열심히 할 준비가 되어 있습니다.

그리고 현재로서는 누굴 만나든 의원님 칭찬하는 거에 주력하고 있어요. 언론에 나오지 않는 모습이라든지, 저희를 어떻게 대해주시는지에 대해서 진짜 입에 침이 마를 때까지 얘기하거든요. 제게 그런 루틴이 다 있습니다. 워낙 말을 많이 하고 다녀서. 그 루틴이라는 것도 처음에는 욕도 많이 먹었어요. 그러다가 이제 상대가 공감할 수밖에 없는 사례들도 하나둘씩 추가해서 이야기하니까 그제야 제 진심을 알아주는 경우들이 있더라고요. 그렇게 얘기를 하고 다니면서 그런 미담들이 우리 지역 분들이나 아는 분들을 통해 많이 퍼져나가길 바라는 마음에서 그런 것에 집중하고 있습니다.

김종미 : 의원님께서 지역구를 위해서 정말 신경을 많이 쓰고 계시고, TF도 조직해서 재건축을 비롯한 노력

을 많이 하고 계세요. 서울시와도 소통을 많이 하시고요. 또, 이번에 예산결산 위원회에서도 송파의 예산을 확보하기 위해 준비도 열심히 하고 계시거든요. 그런 것들이 송파구민들에게 전달되는 데 힘을 쓰고 있습니다. 저희 의원실에서 주말마다 주민분들과 소통하는 행사도 계속 진행하고 있고요. 일방적으로 어떤 이야기를 전달하기보다는 주민들과 다 같이 고민하면서 문제를 해결하도록 힘쓰고 있어요. 그 안에서 제가 할 수 있는 선에서 의원님이 말씀만 주시면 저는 무조건 발로 뛸 생각이에요. 저는 진짜 워라밸 필요 없고, 오로지 송파구민을 위해서 의원님이 하시는 일이라면 무조건 열심히 뛰려고 하거든요. 그래서 조금이라도 일을 더 할 수 있도록 노력하고 있습니다.

전혜인 : 의원님이 만약 떨어지시면 어떨 것 같으신가요?

지욱현 : 일단, 김웅 의원은 자유로운 사람이기 때문에 크게 신경을 쓸 것 같지 않지만, 그래도 재선을 위해서 그 누구보다 노력하고 있습니다. 그리고 대한민국 정치판에서 김웅이라는 사람이 사라진다는 것은 대한민국의 굉장한 불운이라고 생각합니다.

심지은 : 의원님께서 만약 공천받지 못하시거나 선거에서 떨

어진다고 하더라도 의원님이 가지고 있는 합리적인 면이나, 소수의 세력을 대변하는 처지나, 전문가로서의 역량이나 그런 부분들 때문에라도 정치권에서 꾸준히 찾을 거로 생각해요. 그렇다고 언론이나 이런 데서 추측하는 것처럼 신당 창당이나 제 3지대, 이런 데에는 참여하진 않으실 거 같아요.

우리 당을 먼저 바꿔보자고 생각하시는 분이고, 그런 생각을 함께하는 분들과 활동을 같이 하고 계시거든요. 당의 잘못된 부분을 솎아내서 바꿔야지 이걸 박차고 나가서 다른 세력을 만든다는 것이 조금 무책임하다고 생각하시는 편이시거든요. 그래서 국회 밖에서도 당을 바꾸려는 활동을 계속해 나가실 거로 생각합니다.

김수한 : 의원님 같은 경우에는 알아서 잘하실 것 같아요. 지금까지 저희한테 보여준 모습도 그랬고, 그렇게 살아오신 분이기도 하고요. 저 같은 경우에는 주변에 저희 의원실이 제 첫 번째 의원실이자 마지막 의원실이라고 이야기하거든요. 저도 다른 일을 하다가 이곳에 왔는데, 굉장히 치열하게 살다 왔습니다. 의원님도 그러셨고요. 그래서 의원님이나 저나 다시 어떤 야생에 떨어진다고 하더라도 큰 미련이 있을 것 같지는 않습니다.

김종미 : 일단 안 떨어진다고 생각하고 있고요. 저희 의원님 같은 분이 국회에 계속 있으셨으면 좋겠고, 저는 그냥 저기 뒤꽁무니 졸졸 따라다니면서 다닐 겁니다. 의원님이 키가 크셔서 뒤를 돌아봐도 제가 안 보여요. 그러니까 계속 막 쫓아다닐 수 있게 정치를 계속하라고 조르면서 따라다닐 겁니다. 떨어져도 계속 붙어있으려고요.

국민의힘에 바란다.

전혜인 : 개인적으로 국민의힘의 문제점은 뭐라고 생각하시나요?

지욱현 : 국민의힘의 문제점은 '망각'입니다. 너무 빨리 잊어요. 과거에 잘못한 것을 사과하고 나서 조금 이제 형편이 나아지면 다시 안 좋은 습관이 나오죠. 그래서 바라는 것이 예전에 잘못한 게 있으면 그걸 오래 기억했으면 좋겠는데, 너무 쉽게 잊는 것 같아요. 항상 마음속에 간직하고 이제 국민을 좀 바라봐야 하지 않나 생각합니다.

심지은 : 저희가 정치에 대해서 편하게 이야기할 때, 여의도를 '섬'이라고 표현하거든요? 바깥소리를 듣지 못하고 갇혀 있다고 해서 섬이라고 하는데요. 섬에 갇혀있다 보면 여기 안에서 일어나는 일이 전부인 줄 알아요. 무언가를 자꾸 쇄신하고 혁신하려고 하긴

하는데, 그게 밖에서 소리를 듣고 하는 게 되게 느려요. 그 소리에 대한 해석도 굉장히 자의적이고요. 이건 비단 지도부만의 문제는 아니라는 생각이 들어요. 트렌드에 많이 무디고 그런 부분들을 고칠 수 있을지 모르겠지만, 다른 방법들을 많이 마련해야 하지 않나 생각합니다.

김수한 : 모두가 같은 목소리를 내려고 한다는 문제가 있습니다. 그리고 너무 망각이 빨라요. 겨우 정권을 교체하고 자리를 잡아 가는 중인데, 예전 버릇 못 버리고 다시 모두가 다 똑같은 목소리만 내려고 하는 것 같습니다.

역사적으로도 그렇고, 저희 당뿐만 아니라 다른 정당에서도 부침을 겪을 때를 보면, 당내에서 다른 목소리를 내지 못하게 막았을 때였거든요. 공천에 대해서도 지도부의 의견이 먼저 반영되기보다는 여러 사람의 의견을 들을 수 있는 시스템이 마련이 된다거나, 저희 보좌진들이 의원님들을 평가할 수 있는 시스템을 만들거나 해야 어떤 국회의원이 진정으로 지역 주민들을 위해 일을 하고 있는지, 리더십이 어떤지 등을 평가할 수 있지 않겠습니까? 보좌관의 관점에서 자기 방 직원들에게도 제대로 대하지 못하면서 어떻게 나라를 이끌고 지역을 이끌겠습니까? 그런 제도적인 장치들이 마련되어야 하는데 그게 생각보다 쉽지 않은 측면이 있어서 안타깝게 생각합니다.

전혜인 : 김웅 의원이 소위 윤석열 라인이 아니라 정치적으로 애를 먹는다는 평가도 있는데, 이 부분에 대해서는 어떻게 생 각하시나요?

지욱현 : 김웅 의원님은 아까도 말씀드렸다시피 소나무 같은 존재입니다. 그래서 누구의 계파라거나 누구의 라인에 서 본 적이 없습니다. 일부 국민이나 언론에서 오해하는 것이 있다면, 김웅 의원이 누군가의 편을 들었다는 것은 그 사람이 절차적인 문제라든지 불합리한 사유로 좋지 못한 사정에 처했을 때 도움을 주는 경우일 뿐이에요.

만약 윤석열 대통령이 마찬가지로 불합리한 사유로 곤경에 처했다면 누구보다 먼저 대통령 편을 들겁니다. 하지만, 저희 국민의힘 지지기반이 PK, TK라고 하는 경상도 쪽이다 보니 의원님의 의정활동에 대해서 호응을 얻기가 쉽지 않은 부분들이 있어요. 그런 부분들이 보좌관으로서는 아주 안타깝지만, 저희 의원님은 전혀 신경을 쓰지 않으세요. 독립된 헌법기관으로서 본인의 역할을 충실하게 하면 되고, 그게 자신을 뽑아준 국민에 대한 의리라고 생각하고 보답이라고 생각하시는 것 같습니다.

심지은 : 우리 의원님이 윤석열 라인이지는 않죠. 소수의견을 많이 내시는 편이시고요. 저희가 정치부 기자들이랑 이야기할 때도 이런 얘기를 많이 하는데요. 누군가가 당내에서 소수의 입장에서 이야기하거나 현 정부 정책에 반하는 의견을 낸다고 해서 공천에서 찍어 내리기 혹은 낙하산 인사를 내려보낸다고 하면 그게 유권자들의 눈에 과연 좋게 비칠까요? 그 자체가 정치적으로 큰 부담일 거로 생각하고요. 여당으로서의 자격이 없는 거로 생각합니다.

김수한 : 윤석열 대통령의 라인일 수도 있고 아닐 수도 있다고 생각해요. 그런데 저는 그게 중요한 게 아니라 이 사람이 당에 도움이 되느냐 안 되느냐를 먼저 생각해야 한다고 생각하거든요. 어떤 정치인분들은 총선이 다가오니까 조금씩 다른 목소리를 내기 시작하셨어요.

하지만 저희 의원님은 항상 같은 목소리를 내오셨습니다. 언젠가는 고쳐야 할 부분들에 대해서 당과 한국 정치의 발전을 위해 한결같은 목소리를 내오셨어요. 그러다 보니 쌍욕 전화가 오는 경우들도 많이 있고, 내부 총질이라느니 하면서 안 좋은 평가를 받는다는 모습을 보면서 모시는 사람으로서 되게 속상한 마음이 들기도 하지만 저는 그 지조를 잃지 않고, 의지를 잃지 않고 쭉 나아가셔서 나중에라도 평가받을 때 "좋은 의원이었다, 이 사람이 옳았다"라는 평을 들을 수 있을 것 같아서 저는 의원님이 변치 않으셨으면 좋겠습니다. 그래야 저도 자랑스럽고 스스로 떳떳할 수 있을 것 같아요.

To. 송파갑 주민 여러분

지욱현 : 사랑하는 송파 주민 여러분. 저는 김웅 의원실의 지욱현 보좌관입니다. 제가 4년 가까이 그 누구보다 가까이서 김웅 의원을 지켜봤고 보좌해 왔습니다. 300명의 국회의원 중 김웅 의원만큼 깨끗하고 소신 있는 국회의원은 아무도 없습니다. 주민들이 보내주신 성원과 관심에 보답하기 위해서 김웅 의원은 그 어떤 권력이라든지 기득권에 굴하지 않고 뚜벅뚜벅 소신을 지키며 나아가고 있습니다. 끝까지 믿고 지켜봐 주십시오. 감사합니다.

김수한 : 저희 의원님은 언론을 통해서 봤을 때, 기존 정치인과 많이 달라서 어떤 분들에게는 굉장히 불편하게 다가올 수도 있을 거라고 생각하고 충분히 이해합니다. 하지만 저희 의원님을 실제로 뵙고 말씀을 나눠보면 절대 그렇지 않다는 것을 알게 되실 겁니다. 의원님이 더 많은 분들을 뵙고 다가설 수 있도

록 저희도 더 많이 노력할 테니까요, 주민 여러분들도 조금만 마음을 열고 만나주시면 사랑에 빠질 수밖에 없으리라 믿습니다. 저희 의원님을 좀 더 사랑해 주셨으면 좋겠고, 저희도 보좌진으로서 송파 발전과 현안 해결을 위해서 최대한 열심히 할 테니까 저희와 저희 의원님을 믿어주셨으면 감사하겠습니다.

김종미 : 송파 주민 여러분 안녕하세요. 저는 김웅 의원실에서 막내로 열심히 뛰고 있는 김종미 비서관이라고 합니다. 저희 의원님께서는 정말 송파를 많이 아끼고, 진짜 사랑하시고, 어떻게 하면 송파를 더 발전을 시킬 수 있을지 그리고 여러분께서 더 나은 삶을 사실 수 있을지 복지면 복지, 문화면 문화, 항상 생각을 많이 하고 계세요. 송파가 굉장히 사랑받는 대한민국의 문화 도시인 만큼, 여러분의 삶에 실질적인 도움이 될 수 있도록 의원님께서 남은 임기 동안 열심히 뛰실 거기 때문에 조금 지켜봐 주시고요. 바라는 것이 있거나 부탁하고 싶은 것들이 있으시면 언제든 지역 사무실이나 국회 사무실로 전화 주셔서 말씀해 주시면 감사드리겠습니다. 송파 파이팅! 감사합니다.

Epilogue

인터뷰어

이쌍규, 정인성

Epilogue1

1970년생 X세대. 순천시 출신의 김웅 의원. 인터뷰를 하기 전에는 그와 전혀 일면식이 없었다. 검사 생활을 20여 년 한 검사 출신의 국회의원이라, 일정 정도의 팽팽한 긴장감을 가지고 인터뷰를 진행할 계획이었다. 329호 국회의원실에 도착한 순간, 나의 권위적 긴장감은 한순간에 사라지기 시작했다. 장시간 인터뷰 시간을 배려하기 위해 사전에 김밥으로 간단하게 점심 식사하는 그의 소탈한 모습을 보았기 때문이다. 전혀 검사다운 모습이 아니었다. 어쩌면 인터뷰어가 '검사'답고, 김 의원은 인터뷰에 적극 협조적인 '참고인'으로 연상될 정도였다.

인터뷰에 준비한 질문이 120여 개라 속도감 있게 질문을 시작하였다. 예상대로 능변이었다. 논리형 능변가였다. 대중들이 쉽게 이해할 수 있도록, 대중적 언어를 자연스럽게 사용했다. 단 하나의 사전질문조차 공유하지 않았음에도, 그의 답변 능력은 상당히 논리적이고 체계적이었다. 그 말은, 각종 정책에 대한 이해도가 높다는 뜻이었다. 평소에도 착실하게 의정 활동을 주제로 공부하고 있다는 느낌을 받았다.

정치학적으로 그의 생각을 분류해보면, 그는 기본에 충실한 개혁 보수주의자다. 개혁보수라는 것은 보수의 가치에 충실한 보수, 인간을 존중할 줄 아는 따뜻한 보수, 기본에 충실한 보수라고 정의할 수 있다. 그는 노동과 복지를 중시하고 협치와 소통을 존중한다. 진보와 보수는 정치갈등을 해결하는 '방법의 다름'으로 파악한다. 우리나라도 영국의 보수당이나 독일의 기민당처럼 개혁과 변화를 추구해야 하며, 개혁과 변화는 진보의 전유물이 아니라고 주장한다. 적대적 공생관계의 진영논리에 빠져 있지 않은 보기 드문 젊은 개혁보수 정치인이었다.

인터뷰는 한 사람의 인생을 찬찬히 살펴보는 사람 여행길이다. 인터뷰의 진행 과정에서 김웅 의원은 원칙과 소신을 강하게 주장하지만, 일상생활에는 부끄러움이 많고 사람에 대한 배려심이 좋은 사람일지도 모른다는 생각이 들었다. 어쩌면 앞으로 김 의원에게는 용기가 필요한 정치적 시기일 수 있다. 그의 말대로 야당일 때, 여당과 정부 대통령과 맞서 싸우는 데 용기가 약 10이라면, 여당이 된 후, 여당의 주류와 대통령의 방향에 대해서 아니라고 말할 수 있는 용기는 1,000 정도가 필요한 결단의 시기일 수도 있다. 옛날의 동지는 사라지고 홀로 남아 외로운 싸움을 하는 그의 정치적 용기와 인내를 조용히 기대해본다.

지금의 정치적 반발을 두려워하지 않고, 당장은 나에게 이득이 되지 않음에도 다음 세대를 위해, 미래의 우리 사회를 위해서 어떤 방향을 제시하는 사람. 그런 정치적 낭만을 가진 정치인을 새롭게 발견하게 되었다. 주식으로 치자면 '저평가된 성장주'인 셈이다.

8시간의 장시간 인터뷰. 김웅 의원은 지친 기색도 없이 인터뷰를 성실하게 진행해주었다. 인터뷰를 마치고 돌아가는 길의 화려한 국회의사당을 바라보면서, 여야 구분 없이 **'저 국회의사당에 있는 300명의 국회의원 중 10%인 30명이라도 대한민국의 미래전략을 고민하는 사람이 있을까?'**라는 정치적 자괴감이 몰려오기 시작했다. **그러나 그 희망의 단초라도 발견할 수 있어서 참 다행이라는 안도감이 드는 그런 인터뷰 시간이었다.** 여의도의 돈키호테 김웅 의원. 돈키호테 작가 세르반테스의 말을 자꾸 연상하게 만드는 정치인이었다. **"삶 그 자체가 미친 것처럼 보일 때, 광기가 어디에 있는지 누가 알겠는가? 불가능한 것을 손에 넣으려면 불가능한 것을 시도해야 한다."**

여름의 시작. 이쌍규 씀

Epilogue2

인터뷰는 대한민국 정쟁의 중심지 여의도에서 진행되었다. 오랜만에 찾은 국회의사당은 입구부터 저마다의 목소리를 관철시키고자 하는 다양한 사람들의 피켓으로 뒤덮여 있었다. 어질어질할 정도로 셀 수 없는 의제들과 그것에 대한 각자의 목소리. 누군가에게는 목숨처럼 절박한 절규고, 누군가에게는 욕망을 채워보고자 벌이는 쇼일 수도 있다. 그 목적이 무엇이든 누구나 이렇게 자유롭게 목소리를 낼 수 있는 사회를 만들어지기까지 수많은 사람들의 피, 땀, 눈물이 있었고, 드문드문 보이는 국가 저주의 구호조차도 우리가 건강한 민주사회에 살고 있다는 반증일 것이다. 물론, 머리로는 저렇게 생각하는 것이 맞다고 생각하면서도 속으로는 '아, 시끄러워', '왜들 저래?' 등의 감정이 올라왔다.

의원실에서 인터뷰를 진행하기로 했기에 의원회관에 들어섰다. 5,000만의 각기 다른 목소리와 권력을 대표하는 혹은 대표해야할 헌법적 의무를 지는 300명의 사람들이 모인 이곳에서 한 사람의 목소리를 듣기위해 오전부터 분주히 움직였다. 장비를 챙기는 우리들 옆으로 전화통화를 하며 열심히 뛰어가는 국회의원도 있었고, 커피를 손에 들고 여유롭게 담소를 나누는 사람들도 눈에 들어왔다. 대한민국 욕망의 용광로라고 할 수 있는 이곳도 결국, 사람 사는 곳이었다.

아무리 인터뷰 준비를 잘 해간다고 하더라도 인터뷰가 예상대로 진행되는 경우는 거의 없다. 이번 인터뷰도 다르지 않았다. 세팅에도 시간이 조금 지체되었고, 인터뷰는 예상보다 한참 길어졌다. 의원실에서 인터뷰를 진행했기 때문에 많은 사람들이 왔다 갔다 하며 어지럽게 하는 통에 의원실에서 일하시는 분들도 힘드셨을 것이다. 하지만 퇴근시간을 넘긴 장시간 인터뷰에도 끝까지 격 없는 유쾌함을 잃지 않으셨고, 의원실 직원 분들도 너무 친절하게 대해주셨다. 참 화목한 가족이 따뜻하게 손님을 맞이해주듯, 우리가 오히려 대접을 받고 나온 기분마저 들어서 너무 감사했다.

의외였던 점은 그뿐이 아니었다. 인터뷰를 진행하다보니 어느 순간부터 내가 질문지 확인을 위해 열어놓은 노트북을 닫고 있었다. 대화가 흘러가는 대로 맡겨두었다가 나의 인터뷰 순서가 끝날 시간이 되어 정리하기는 했는데, 좀 더 했으면 어땠을까 하는 아쉬움마저 남았다. 나의 순서가 끝나고 1부 팀이 인터뷰를 진행했고, 나는 옆방에서 모니터를 통해 진행상황을 지켜봤다. 중간 중간 쉬는 시간에는 같이 축구얘기도 하고, 미국생활 이야기도 하면서 시간을 보냈다.

영국 보수당 정치철학과 온건보수주의에 대해서 이야기를 나누다가 나와서는 전남 드래곤즈, 수원 블루윙즈 얘기를 하는 것이 참 이질적인 것 같기도 하면서 신기했다.

이런 사람도 있구나. 정치인이랑 이렇게 대화가 되는구나. 신기하면서도 '맞다. 저들도 다 사람이지'라는 생각이 들었다. 내가 정치를 외면하느라 정치인들이 하는 이야기를 들으려하지 않고, 그 사람의 소속 정당이나 출신, 계파, 언론에서 부각시키는 '발언 한 토막'으로 으레 판단하고 있었다. 아닌 척하고 있었지만, 나도 어느새 정치를 '스펙터클'로 소비하고 있었던 것이다.

인터뷰를 마치고 나선 국회의사당 정문은 오전에 비해서 많이 조용했다. 어둠이 내렸고, '결사항쟁'을 외치던 목소리의 자리는 적막과 간간히 지나가든 자동차 소리가 채우고 있었다. 스펙터클은 꺼졌고, 싸움은 중단되었으며, 권력은 잠들었다. 어둠 속에 조명으로 밝힌 국회의사당이 다르게 보였다. 국회의사당을 들어갈 때 각종 소음과 싸움으로 느낀 지겨움은 어느새 새로운 관심으로 변해있었다.

자극적이고 부정적인 이야기는 팔린다. 언론은 결국 팔리는 소식을 전해야 먹고 살 수 있다. 싸움구경이나 뒷담화 만큼 재미있는 것은 없다고 하니 대중의 수요를 언론은 공급을 통해 맞춰준다. 인기를 먹고 사는 정치인에게는 본인상 부고가 아닌 이상 모든 뉴스는 좋은 뉴스라고 한다. 언론에 한 줄이라도 나오려면 치열하게 싸우는 모습을 보여주거나 의혹제기와 같은 뒷담화의 중심이 되어야 한다. 그렇게 오래 싸우다보면 어느새 서로가 왜 싸우고 있는지도 잊어버리게 된다. 그 싸움을 오래도록 지켜본 사람도 지겨움을 느끼고 외면하게 된다.

"정치를 외면한 가장 큰 대가는 가장 저질스러운 인간들에게 지배당한다는 것이다."

고대 그리스 철학자 플라톤이 한 말이다. 외면하는 사람이 늘어날수록 저질스러운 정치인들이 늘어가고 그것이 더 큰 외면으로 이어지는 악순환이 반복된다. 그렇게 만들어진 정치혐오의 소용돌이에 나도 빨려 들어갔다.

이 프로젝트는 나에게 정치혐오 치유의 과정과도 같았다. '치유'라는 거창한 단어를 썼지만 별거 아니다. 없던 관심이 생기고, '왜?'라는 질문을 할 수 있는 약간의 여유가 생긴 정도다. 잠시 멈춰선 여의도의 밤처럼 잠시 멈춰서 정치를 바라볼 수 있는 여유. 이 책을 읽는 독자들이 딱 그 정도의 여유를 가질 수 있으면 좋겠다.

요새는 '왜?'라는 질문을 하는 사람이 점점 줄어드는 것 같다. 누군가가 어떤 말을 하거나 행동을 취하면 '좋아' '싫어' '찬성' '반대' '우리편' '재네편' 즉각적으로 판단이 내려진다. 김웅이라는 정치인에 대해서도 마찬가지다. 김웅이라는 정치인을 좋아하든 좋아하지 않든, 그의 생각에 동의하든 동의하지 않든 상관없다. 책에서 김웅 의원이 하는 이야기에 동의하는 부분도 있고, 동의하지 못하는 부분도 있을 것이다. 당연하다. 인터뷰를 진행하고 이를 책으로 엮은 나조차도 그러니까. **하지만, 잠시 멈춰서 그가 어떤 사람인지, 그가 어떤 생각으로 어떤 정치를 하고자 하는지, 그가 어느 방향을 향해서 나아가고 있는지를 아주 잠깐 바라봐 줄 여유가 우리에게 있다면 우리가 스스로의 미래를 결정하는 데 있어서 도움이 될 수 있을 것이다.**

"우리가 아무리 욕을 얻어먹고 해도, 세상을 바꿀 수 있는 가장 좋은 무기가 정치인 거예요. 개인이 어떤 세상의 흐름과 물줄기를 바꿔낼 수 있는 유일한 힘이 정치인 거죠."라고 김웅 의원이 말했다. 그의 정치가 어느 방향으로 갈 것인지 결정하는 것은 주권자인 우리의 몫이다. 그리고 국회의원 임기가 1년이 채 안 남은 시점에서 김웅이라는 정치인을 어떻게 사용할 것인지, 앞으로 계속 사용할 것인지를 판단하는데 이 책을 집어들 독자들에게 도움이 되기를 바란다.

정인성 씀

Political Effect 1. **달려라, 김웅**

1판 1쇄	2023년 8월 10일
펴 낸 곳	도서출판 답
기 획	손현욱
섭 외	정정현
에 디 터	정인성
인터뷰어	이쌍규. 전혜인. 정인성
인터뷰이	김 웅 국회의원
촬 영	김대명
사 진	오미현
디 자 인	김지민
홍 보	이충우
출판등록	2010년 12월 8일 / 제 312-2010-000055호
전 화	02.324.8220
팩 스	02.6944.9077

이 도서의 국립중앙도서관 출판예정도서목록(CIP)은 서지정보 유통지원시스템 홈페이지(http://seoji.nl.go.kr)과 국가자료 종합목록 시스템 (http://www.nl.go.kr/kolisnet)에서 이용하실 수 있습니다.

ISBN 979-11-87229-65-0

값 20,000원